Este livro é dedicado à minha avó,
Maria José de Souza Oliveira,
que, sem saber ler nem escrever,
um dia largou a enxada,
abandonou a roça de seus antepassados
por um tear na cidade,
em busca de dias melhores.
Por causa dela estou aqui.
Por causa dela você poderá ler este livro.
E imaginar seu futuro.

SUMÁRIO

Em que **páginas** você encontra o quê e vai se informando sobre o que nem esperava encontrar – mas está lá.

Página 10 | **O futuro em 74 linhas**
O fim da televisão, o jovem que a inventou, os mais velhos que até hoje enriquecem com ela e o que isso tem a ver com o seu futuro. Um terremoto chamado internet. A qualidade humana que torna o bom jornalismo imorrível.

Página 16 | **A vida de um jornalista virada de cabeça para baixo**
Um caipira na Broadway. Por quais caminhos foi desovado ali. O que fazer quando não souber o que fazer. Como um jornalista formidável revirou a TV Globo de ponta cabeça; e a minha. Nunca é tarde para quebrar a cara ou para enfrentar desafios.

Página 28 | **Cap. 1 – No início, era verbo, sujeito, predicado e o Anjo da Guarda do Repórter**
A quem recorrer, quando nada nem ninguém pode ajudar. Os atentados terroristas de 11 de setembro & a epifania. O anjo no Brooklyn, a escola de Marilyn Monroe, a morte de Kennedy, o escritor e uma esposa esfaqueada. O faro jornalístico não é bem isso.

Página 44 | **Cap. 2 – Entrevistar é...**
Uma boa entrevista, o que é? Eunucos e memoráveis. Como encarar um encontro com a mulher do presidente ou com a Rainha do pop. Fugindo da chatice e da mesmice. Quando um fracasso com Frank Sinatra vira exemplo de bom jornalismo, mas com Janet Jackson e Jon Bon Jovi, não.

Página 62 | **Cap. 3 – Afiando suas armas (& sua língua)**
Aprendendo enquanto caminha: 6 dicas de direções infalíveis. Criança chata pode ser repórter ideal. Quando perguntar ofende. O que a ditadura militar nos ensinou. Quais são as suas armas mais valiosas? Políticos, criminosos, corruptos e a criação de suas fontes.

Página 78 | **Cap. 4 – Você é o público que quer atingir**
Privilégios e responsabilidades do jornalista. Por que as derrotas no BBB acabam em vitórias, e que lições você tira disso? Exemplos de perguntas. Roupas definem personalidade. Celebridade também tem dor de barriga. O que une Tom Cruise e Vladimir Putin.

Página 90 | **Cap. 5 – Dever de Casa**
Por que você tem de saber mais sobre a pessoa entrevistada do que ela própria? Insegurança é parte da jornada. Sobre vulcões na costa da África, lições de José Saramago. Olhos e ouvidos abertos para o que não é dito, nem mostrado. A maldição de Hollywood, com Johnny Depp e Demi Moore.

Página 106 | **Cap. 6 – Boias salvadoras**
Se "der um branco", faz o quê? Blocos de notas, fichas, cadernos, arquivo no celular, vale tudo para evitar naufrágio. Perguntas: a ordem afeta o resultado. Próximo do entrevistado, câmeras longe. Quando é melhor esconder a equipe. Vencer a timidez – sua e do entrevistado.

Página 120 | **(Adendo) – Corte as páginas a seguir**
A situação mais imprevisível, traiçoeira e frequente nas tribulações de um repórter: o momento do link ao vivo. Esqueceu o texto? Perdeu-se? Alguém o empurrou? A repórter e apresentadora Zileide Silva ensina as 6 dicas salvadoras.

Página 126 | **Cap. 7 – Para não quebrar a cara**
Lágrimas de mãe, suicídio de irmã, amores insuspeitados e segredos guardados por décadas. Como segurar a própria emoção, respeitar a do entrevistado, e ao mesmo tempo fazê-lo falar de tudo isso? Numa entrevista delicada, da maneira de sentar-se ao posicionamento das câmeras – tudo vira um desafio.

Página 138 | **Cap. 8 – Não, sim, talvez, jamais**
Homem usa maquiagem? Qual? Quando? Pele negra, iluminação errada, produtos inadequados & reclamações de Glória Maria. Dos perigos do chocolate inimigo à derrota da roupa de grife. O brega e o chique. Porque sertanejos, celebridades e jornalistas não são a mesma coisa?

Página 156 | **Cap. 9 – Com que roupa eu vou?**
O que vestir, da invasão da favela à premiação do Oscar. A gravata que seduziu Barbra Streisand, a roupa errada para falar com FHC. Quebrando a formalidade com Harrison Ford, Mel Gibson & heróis de filmes de ação. Como ficar à vontade no palácio real da Dinamarca? E numa passeata?

Página 170 | **Cap. 10 – Nem tudo na vida são palácios e meias fúcsia**
Num dia você está com estrelas de Hollywood, no outro fugindo de gás lacrimogêneo na passeata. Tiro, porrada & bomba – a rotina no cotidiano de jornalistas. Carnaval, Réveillon, doidões: enfrentando bárbaros e belezas. Os 11 mandamentos da elegância para elas, e recursos para eles.

Página 186 | **Cap. 11 – Correspondente internacional não tem descanso**
Mala sempre pronta. O que despachar? O que levar? Sua mochila, sua salvação. Do cabelo aos sapatos, tudo precisa ser planejado – mas nunca haverá tempo porque a notícia não espera. Meu inevitável rastro de cuecas no país de Saddam Hussein.

Página 200 | **Cap. 12 – Reaprendendo a escrever**
Menos é mais: o abismo entre escrever para TV e para jornal. Por que você deve analisar e anotar tudo? Deixe os personagens narrarem sua reportagem. Cada segundo conta. Viagra, Miami, Marlon Brando, a explosão do movimento LGBTQIAP+. Sex and The City. Sexo na Casa Branca.

Página 224 | **Cap. 13 – Baú dos segredos**
Seus grandes aliados estão bem a seu lado. Colaboração e equipe. O maior dos segredos. "Brasileiro não presta". Belos hiatos: Bate-papo, a série Brasileiros e um oásis chamado Globo Repórter. Mais privilégio: 17 anos apresentando o GloboNews Literatura. Como criar seu próprio programa.

Página 244 | **Cap. 14 – Caindo na real**
Saques, porradaria, rebeliões, blitz, inundações, deslizamentos, nevasca, incêndio, arrastão, tiroteio, acidentes aéreos, desabamentos, o dia a dia normal de quem é repórter. Quando o que pode dar errado, dá. O que fazer. A experiência iluminadora de Fátima Bernardes em (mais uma) enchente no Rio de janeiro.

Página 262 | **Cap. 15 – O futuro do jornalismo chegou com a pandemia**
A humanidade parecia prestes a ser extinta, milhões mortos pela Covid-19. Sem vacina e sem apoio governamental, o jornalismo se reinventa. A salvação brotada do talento criativo, o uso da tecnologia que despontava. Lives inspiradas, lives lamentáveis. Entrevista a mil quilômetros de distância. Seu futuro mudou ali.

Página 270 | **Cap. 16 – Seja você mesmo**
Não imite, não copie, não tente ser parecido com ninguém. Como e onde encontrar o que você tem de original, único e pessoal. Sua imagem, sua narração, sua maneira de exercer bom jornalismo: o melhor exemplo está dentro de você mesmo.

Página 283 | **Agradecimentos**

O futuro
em 74 linhas

 televisão vai acabar?

Vai, claro.

Assim como acabou o rádio e foram-se os jornais e as revistas, a televisão galopa célere para o pôr do sol final. Como nos antigos filmes de faroeste.

À mesma caravana se juntarão o podcast, o vlog, os blogs remanescentes do início do século, videochamadas, *zaps* & tudo o que você e eu conhecemos hoje, mais tudo o que aportará.

Tudo isso será substituído. Tudo passa. Tudo se transforma. A tecnologia é mutante, impaciente e já nasce preparada para a obsolescência.

A velhíssima televisão, como a conhecemos, brotada antes da Segunda Guerra mundial, essa, então, respira por aparelhos. Sobrevive por teimosia e lucros incessantes.

Apesar do streaming e de tudo surgido desde o boom da *World Wide Web*, a rede mundial de computadores, dos anos 1990 em diante, nada, até agora, substituiu o fascínio que a televisão provoca.

··◆··

Pare.

Pense.

Repare.

Moribunda ou não, na televisão, onde exerci meu ofício desde 1997, nos Estados Unidos, e após 2002 no Brasil, a metamorfose está em plena ebulição. Não à toa, seu inventor foi um americano de apenas 21 anos, chamado Philo Farnsworth. Talvez por isso, o DNA da inquietação, audácia e transformações da juventude está impregnado nela como num caldeirão de bruxo, cozendo radicais mutações inimagináveis no tempo em que Assis Chateaubriand inaugurou a *TV Tupi* de São Paulo, em setembro de 1950.

Foram-se as câmeras do tamanho de motocicletas Harley-Davidson, os equipamentos para captação de som mais pesados que caixotes de bacalhau, os holofotes capazes de iluminar estádios (e queimar retinas de artistas e repórteres) e os apresentadores solenes ou pomposos. Assim como desaparecem com eles as gerações de telespectadores fiéis a canais como ovelhas obedientes.

··◆··

Hoje o noticiário – e mesmo o entretenimento – pode ser feito com imagens gravadas por câmeras do tamanho de caixas de fósforos. As notícias, registradas tanto por jornalistas como por quem quer que haja testemunhado o acontecimento, são imediatamente enviadas para qualquer parte do planeta por chips minúsculos instalados num smartphone. Logo vistas, sem nenhuma fidelidade a esse ou aquele canal, em telas de computadores, tablets, celulares e no que mais esteja sendo colocado no mercado hoje, amanhã, depois do dia seguinte do ano que vem, incluindo aí novos aparelhos de televisão capazes de interagir com humanos, apresentando imagens de altíssima fidelidade.

...◆...

Bem-vindo ao *bravo novo mundo da comunicação (quase) sem limites.*

...◆...

Um aspecto, porém, não se alterou. Nem se alterará jamais. Pelo contrário, se alimenta dele. Não falo dos lucros que torna seus sócios milionários. Falo da curiosidade humana, do interesse pelo que acontece além dessas telas, telinhas e telões. Falo dos casamentos reais às traições conjugais de famosos, dos terremotos aos motins em prisões, dos desastres aéreos aos tapetes vermelhos das premiações. Dos cataclismos climáticos aos novos tratamentos contra câncer ou Alzheimer. Falo dos escândalos sexuais às campanhas eleitorais, do preconceito racista à liberdade de orientação sexual. Isso, aquilo, aquilo mais, tudo que é humano ou interfere na vida dos humanos, nos interessa. Ainda.

Queremos saber, queremos ver, queremos ouvir. Seja na televisão, rádio, jornal, revista, celular, não importa a mídia, sempre será preciso produzir material para alimentar esses onívoros velhos ou novos *gadgets* visuais e auditivos. Ou seja: entrevistas, reportagens, matérias, entradas ao vivo etc. e tal & tal.

Sempre.

E este livro será um aliado para quem se dedicar a isso.

··◆··

P.S.: Guarde um exemplar deste livro, *em papel*, para um dia mostrar a seus bisnetos o que se pensava na primeira metade do século XXI.

A vida de um
jornalista
virada de cabeça
para baixo

Dum dia para o outro – literalmente de uma quarta para uma quinta-feira – eu me vi em plena Broadway, com um microfone da *TV Globo* na mão, diante de uma câmera de televisão operada pelo lendário Orlando Moreira, de costas para a marquise de um teatro de luzes faiscantes anunciando uma peça escrita, dirigida e estrelada por artistas negros, enquanto um vento de inverno congelava minhas orelhas e bandos de gente passavam gritando coisas que eu não entendia, de pé ao lado do trânsito frenético e ensurdecedor da área da Times Square, pronto para gravar, como o novo correspondente da *Rede Globo* nos Estados Unidos, a minha primeira reportagem para o Jornal nacional.

Pronto?

Pronto?!?

Eu, caipira vindo de Valença, interior do Estado do Rio, escrevi *pron-to*????

Antes pelo contrário.

Muito pelo contrário.

Eu não sabia sequer como segurar aquele microfone.

Literalmente.

Não sabia *meeesmo*.

Nunca tinha segurado um.

Nunca tinha sido repórter de televisão.

Nunca, sequer, tinha passado pela minha cabeça me tornar repórter de vídeo.

Começou assim

Eu estava bem contente sendo o correspondente do jornal carioca *O Globo*, em Nova York. Valença tinha ficado para trás havia tempo. Além de fazer matérias culturais, alguma de política e raramente de economia, eu era titular de uma coluna no Caderno Ela, então voltado para a vanguarda das artes e da moda, editado por Mara Caballero e dirigido por Milton Abirached, e uma outra coluna, intitulada NYEd por meu chefe Luis Erlanger, com dicas exclusivas sobre o que se passava em Manhattan & adjacências, para o Caderno de Turismo. Havia publicado, pela prestigiada Editora Record, a mesma de Drummond, García Márquez e Jorge Amado, meu primeiro livro de crônicas, *Dias de cachorro louco*, com boa acolhida da crítica e de público. *O Globo* passava de mais de um milhão de exemplares. Em resumo, eu estava bem posto.

Era dezembro de 1996.

Minha maior proximidade com câmeras tinha sido por trás delas, como criador e diretor de documentários, comerciais e curtas-metragens. Cheguei a ganhar alguns prêmios, nenhum em Cannes ou Veneza. Meses antes daquela estreia no redemoinho coruscante da Times Square, eu tinha criado e apresentava, ao lado de Paulo Francis, na recém-inaugurada *GloboNews*, o programa de entrevistas "Milênio", que se pretendia eclético a ponto de levar ao público brasileiro, com legendas, grandes pensadores e artistas daquele fim de século. Misturamos o cantor e compositor James Taylor com o economista John Kenneth Galbraith; a atriz Juliette Binoche com o sociólogo e linguista Noam Chomsky; e o escritor Salman Rushdie com o educador Paulo Freire. Eles, elas e eu sentados, frente a frente, ponto. Microfones pequenos nas lapelas.

As entrevistas aconteciam em seus escritórios, por vezes na coxia de um teatro, na sala de estar de algum hotel, em lugares onde o cinegrafista podia controlar a luz como queria, o técnico de som ajustar nossas vozes sem o incômodo dos ruídos caóticos do mundo exterior (no máximo fazíamos no jardim tranquilo da casa ou mansão da pessoa, como aconteceu com a atriz e diretora Liv Ullmann).

··· ◆ ···

Assim era.

Reportagem com microfone de mão, barulhos, luzes descontroladas, berros, um ou outro xingamento, nunca...

Até aquela noite de dezembro.

A câmera na frente, a marquise do teatro atrás, o caos da vida nova-iorquina por toda a volta.

O que eu poderia fazer naquelas condições?

Ninguém me dera qualquer dica, nem houvera tempo.

Era uma ousadia sem tamanho.

Como poderia dar certo?

··· ◆ ···

Naquela época, um jornalista formidável, gigante mesmo, chamado Evandro Carlos de Andrade, tinha assumido a Direção da Central Globo de Jornalismo. Audacioso como sempre fora em toda a vitoriosa carreira, estava levando para o vídeo, tanto na reportagem quanto na apresentação de telejornais, profissionais com a mesma origem dele: a imprensa escrita.

Após alguns meses ou semanas de treinamento diante das câmeras, contando ainda com auxílio de fonoaudiólogos e eventuais produtoras de moda para ensinar a elas e eles a forma adequada de apresentarem-se no vídeo, essas e esses novatos, acompanhados de equipes veteranas, gravavam reportagens fictícias, uma após outra, até serem considerados aptos e aptas a estrearem para valer na telinha.

··· ◆ ···

Evandro já havia me convidado mais de uma vez para me juntar a esse novo time da TVG. Acreditava que eu possuía as características que fariam de mim um bom repórter também de televisão.

Mas eu, que ouvia relatos espantosos de assédios grotescos a *globais*, que muito prezava minha privacidade nova-iorquina, que gostava imensamente do meu trabalho em *O Globo* e que, ademais (isso não contei para o Evandro), sou um sujeito acanhado, longe da personalidade extrovertida de um Galvão Bueno ou Zeca Camargo, ou uma Glória Maria ou Leda Nagle – para mim expoentes dos mais representativos do que seria jornalista televisivo de então – disse não.

Em outra ocasião, não muito depois, durante um jantar com sua mulher Teresa ou entre estantes da livraria Barnes & Noble, Evandro voltou ao assunto de que meu lugar era na telinha, mas a conversa parou por ali mesmo... Até aquele telefonema numa tarde de quarta-feira.

··◆··

A conversa foi direta e simples, como era bem do jeito dele.

Algo assim:

Evandro — Estou demitindo o correspondente da *TV Globo* em Nova York e quero que você assuma o lugar dele.

Eu (provavelmente perplexo) — Você está me convidando para...

Evandro (interrompendo) — Sua resposta é sim ou não?

Eu (certamente atônito) — Me dá um tempo para te responder.

Evandro — Claro. Ligo em 5 minutos.

E desligou.

⋯ ◆ ⋯

A primeira frase que me passou pela cabeça, para espanto meu, foi: "Por que não?".

Em seguida: "Sou repórter de texto, não de fala, nunca apareci diante das câmeras".

Imediatamente: "Sempre há uma primeira vez".

Dali em diante, eram tantas as dúvidas & perguntas & receios a galopar pelos recônditos da minha cabeça durante os cinco minutos de espera, que nem trezentas ou quatrocentas páginas seriam suficientes para contar.

Dessa embolada, me lembro do frenético bate-boca que mantive comigo mesmo. Mais ou menos assim:

Eu — Isso é uma loucura, você nunca fez televisão.

Eu mesmo — Sempre há um começo para tudo.

Eu — Você gagueja.

Eu mesmo — Raramente.

Eu — Você engole o final das frases.

Eu mesmo — Para isso existem aulas com fonoaudiólogos.

Eu — Edney, você é um cara tímido, encabulado, tem ocasiões em que você até enrubesce quando fica envergonhado.

Eu mesmo — Sou. Mas a *TV Globo* pode arrumar alguém para me ensinar a ficar descontraído. Não está fazendo isso com outros jornalistas originários de jornais e revistas?

Eu — Nenhum deles usa brinco, como você.

Eu mesmo — É recordação de uma viagem inesquecível a Amsterdã, com meu amigo Ricardo Andrade. O Evandro nunca reclamou disso.

Eu — A mídia vai especular sobre sua vida íntima, sobre sua orientação sexual, vai arrancar você do armário.

Eu mesmo — Nunca estive no armário. Nunca escondi quem eu sou.

Eu — Suas colunas em *O Globo*, que você adora fazer: vai perder. E as reportagens sobre exposições nos museus, shows, estreias de peças, caça a acontecimentos *underground*, tudo vai acabar.

Eu mesmo — Verdade. Será uma pena.

Eu — Nunca mais você vai entrar num restaurante cheio de brasileiros fazendo algazarra, ou bêbados, sem se preocupar com gritarem seu nome, chamarem para a mesa, todos querendo fotos e autógrafos, como fazem com a Sônia Bridi e a Ana Paula Padrão.

Eu mesmo — Verdade. Também será uma pena.

Eu — Ademais, você não tem terno. Só usa camiseta ou gola rolê preta. Reportagem televisiva exige terno e gravata.

Eu mesmo — Tenho um blazer, uma camisa social e uma gravata. Dá para começar.

Eu — Você não sabe escrever para televisão. Você

não sabe como falar na televisão. Você não sabe como se postar diante das câmeras.

Eu mesmo — Tudo verdade. Mas não importa.

Eu — Não importa?!? Por quê?

Eu mesmo — Porque quando o Evandro ligar, ele já vai combinar quando irei ao Brasil para me habituar com o trabalho diante das câmeras, hão de me ensinar os truques e macetes da profissão. Ficarei no Brasil os meses necessários para o treinamento. E, então, só então, o Evandro me mandará de volta para os Estados Unidos.

··· ◆ ···

Quando o telefone tocou e era o Evandro do outro lado, tive tempo apenas de dizer:

— Sim, eu aceito.

Ao que ele respondeu:

— Ótimo. Você começa amanhã.

··· ◆ ···

E foi assim, sem ida ao Brasil, sem meses de treino, sem aulas de fono, sem orientação de vestimenta, sem saber sequer como segurar um microfone, que comecei minha carreira de repórter televisivo, em dezembro de 1996.

Você pode imaginar minha intranquilidade, minha angústia, minhas toneladas de dúvidas.

Minha única segurança eram a certeza e sinceridade com que o Evandro encerrou nossa conversa: "Você tem consistência, tem cultura, informação, sabe escrever. O resto você aprende".

◆

Aprendi, creio.

Aos trancos e barrancos, por vezes sob críticas mordazes, debochadas, preconceituosas e cruéis.

Mas aprendi.

Tive a chance de fazer parte da equipe da *TV Globo* de Nova York, na época chamada de *Globo International*, dirigida por Jorge Pontual, quando ali trabalhavam alguns dos mais talentosos veteranos da emissora, vários mais jovens que eu, mas há décadas na profissão. As repórteres Sônia Bridi, Heloísa Villela, Ilze Scamparini (em Los Angeles), mais tarde, Ana Paula Padrão, seguida por Zileide Silva. O superpolêmico comentarista Paulo Francis. Os produtores David Presas, Siomara Tauster, Mila Abrahão, Amemeri Soares, Cristina Domingues, Fabio Watson e Patricia Pericas. Os editores de imagem Adriana Nagle, Gisele Machado, Fernando Baccarin e Kaká Langer. Na edição dos textos, Denise Cunha, Malu Guimarães e Simone Duarte. As imagens estavam a cargo de Orlando Moreira, Paulo Zero, Helio Alvarez e Sherman Costa. Durante algum tempo, a experiente e paciente Angela Pontual me acompanhou e aconselhou. Cristina Grunert Reis me incentivava e dava força.

Sempre que podia, eu observava cada um daqueles veteranos, ouvia suas narrações, estudava a forma como construíam seus textos, tentava aprender tudo o que podia absorver deles.

Entretanto, todos eles, assoberbados pelo frenético trabalho do escritório nova-iorquino, mal tinham tempo para si mesmos e suas famílias. Quanto mais para mim.

Daí que fui aprendendo no peito e na raça.

Quebrando a cara.

··· ◆ ···

Quisera ter podido contar, naquele início difícil, com um apanhado de dicas, instruções, truques e exemplos que me ajudassem a avançar sem tantos tropeços e equívocos.

Pois esta é minha intenção, com as páginas que você lerá adiante.

Sua escolha está feita. Parabéns!
E boa sorte.

Segredos de um repórter

Tudo aquilo que eu gostaria que tivessem me contado antes de enfrentar as câmeras

(revelado por quem quebrou muito a cara)

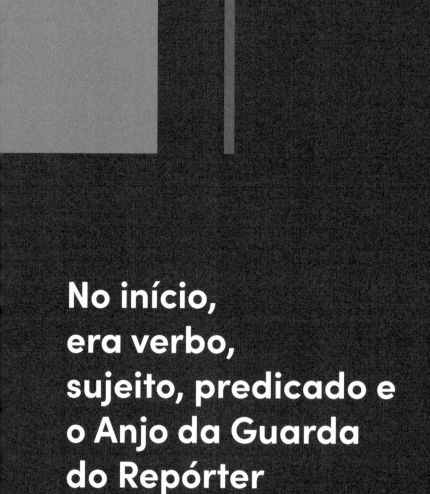

No início, era verbo, sujeito, predicado e o Anjo da Guarda do Repórter

ma carreira é feita de trabalho, dedicação, suor e sorte.

Isso mesmo, sorte.

Quer você acredite nela ou não.

Essa tal de sorte, no entanto, não é bem a tal sorte, quando se refere às atribulações e epifanias jornalísticas.

É um Anjo.

Quer você acredite ou não na existência de anjos.

(E demônios).

··· ◆ ···

Quem me ensinou sobre o Anjo da Guarda do Repórter foi o repórter-cinematográfico **Orlando Moreira**, meu primeiro, maior e mais paciente mestre, quando entrei para a elite dos experientes profissionais de televisão que atuavam na *Globo International*, em Nova York.

Orlando fora o primeiro correspondente internacional da *Globo* na Europa, acompanhando a igualmente lendária **Sandra Passarinho**. Depois de transferido para os Estados Unidos, tinha coberto guerras e rebeliões em diversas partes do mundo, fizera reportagens e entrevistas com grandes estrelas de Hollywood, Broadway e Washington. Tinha gravado na Casa Branca, pelos tapetes vermelhos do Oscar e do Globo de Ouro, e por selvas e acampamentos de guerrilheiros na América Central.

···◆···

Era com Orlando Moreira que eu fazia dupla na manhã dos **atentados terroristas de 11 de setembro**.

···◆···

A polícia, os bombeiros e as forças de segurança estavam fechando todos os caminhos possíveis em direção ao **World Trade Center** quando iniciamos nossa caminhada a pé para lá, subindo o West Side Highway. Havia muita fumaça, ruídos de sirenes, gritos, choros, cheiro de carne queimada, mulheres e homens apavorados, cobertos de pó, fugindo do local onde os aviões haviam sido jogados contra as torres.

Ninguém queria parar para dar o testemunho daquele inferno de onde tinham escapado.

Foi então que, do meio da multidão em disparada, um homem, também coberto de pó, veio até nós. Falando em português. Eu, já de microfone em punho (tinha aprendido), Orlando com a câmera nos ombros, mal tive tempo de fazer a pergunta. O recém-chegado já foi explicando.

Era brasileiro, capelão de uma unidade do Corpo de Bombeiros de Nova York, a NYFD, instalada numa rua junto aos prédios atacados. Vira tudo. Atendera vítimas, ajudara bombeiros e paramédicos. Naquele momento, havia sido designado para retirar do local atingido, evitando pânico, o maior número possível de pessoas que trabalhavam ou circulavam pela área atingida pelos terroristas de Osama bin Laden.

O capelão brasileiro deu a entrevista, que foi exibida em todos os telejornais da *Globo*, e partiu com o seu, posso chamar assim, rebanho, em direção ao Norte de Manhattan (os prédios do World Trade Center ficavam ao Sul, próximos à Wall Street, à Bolsa de Valores, ao centro financeiro de Nova York), onde estariam menos expostos a novos ataques, se os houvesse.

"Que sorte, hein, Orlando? Uma entrevista excelente, ademais em português", comentei, conforme continuávamos a caminhada para o WTC.

"Sorte coisa nenhuma", ele respondeu, tocando em frente. "Isso foi coisa do Anjo da Guarda do Repórter".

E explicou.

···◆···

Quem é o Anjo da Guarda do Repórter?

Há uma falange de anjos sempre pronta para ajudar repórteres em apuros. Nos bombardeios e guerras, por exemplo, nas coberturas de ações policiais em favelas, esse tipo de coisa.

Mas não apenas.

O Anjo da Guarda do Repórter também intervém em situações menos dramáticas, mas de alguma ou muita importância para quem ele protege.

Você precisa dele.

Mais do que imagina.

O Anjo da Guarda do Repórter ajuda a ser escolhido para uma reportagem que o jornalista sonha fazer, por exemplo. Orienta a achar o vídeo que mostra o enviado para levar, ilegalmente, algum objeto que não pertença ao mandante (digamos, joias valiosas), ou o vídeo que gravou os jovens brancos e louros que invadiam e furtavam em prédios de alta classe média, quando as suspeitas recaiam sobre jovens negros. Também são esses mesmos anjos que levam o repórter a testemunhas, seja de crimes, seja de ato homofóbico ou racista (que também são crimes), seja de um atropelamento, furto de bolsa em rua de comércio popular ou avenida movimentada, ou a algo bem trivial, inusitado, como deixar nas mãos de quem menos espera a missão de levar o cantor Chris Martin para nadar na piscina de uma academia de ginástica no Rio de Janeiro, depois dos shows do Coldplay, sem que ninguém mais visse ou soubesse, e sem que ele pudesse, jamais, revelar. (Talvez no dia que, e se, escrever um livro de memórias).

Mas, atenção.

O Anjo da Guarda do Repórter não aparece, simplesmente, de graça, abençoando, sem mais nem menos, aquele momento xis da carreira jornalística da pessoa.

Engana-se quem acreditar que para conseguir sua ajuda são obrigatórias preces, novenas, velas, imprecações, flagelamento & o que mais normalmente é prescrito por místicos. Ou desesperados.

Nada disso.

Zero, absolutamente *niente* de caráter místico.

O Anjo da Guarda da nossa profissão não faz milagres, não abre as águas do Mar Vermelho, não afasta seus concorrentes, não faz nenhum daqueles atos arrepiantes de filmes americanos *místicos* dos anos 1940.

Não conte com ele pra isso.

Nem para sacanear ninguém.

O que Anjo da Guarda do Repórter faz é completar aquilo que vinha sendo a sua batalha. Como uma premiação, depois de você correr uma maratona.

Nosso anjo completa esforço, apoia, fica atento às oportunidades e as aponta para você.

Aponta, veja bem.

Não traz de graça.

E fique atento: o Anjo da Guarda do Repórter incorpora nas pessoas mais inesperadas.

O meu primeiro (quer dizer, o primeiro que eu *percebi*, antes das lições do Orlando Moreira) baixou na outra margem do rio Hudson, quando eu morava do lado esquerdo, no West Village, em Manhattan.

Um anjo recém-chegado do Rio de Janeiro.

Edney Silvestre

Confie no seu instinto

Tinha tempo, meses e meses, que eu vinha tentando entrevistar o escritor **Norman Mailer**. Sabidamente ranzinza, famosamente recluso, ele dava um número mínimo de entrevistas a cada xis anos, quando lançava livro.

E só quando lançava livro.

Você deve lembrar, se alguma vez leu ou estudou sobre o assassinato do presidente John Kennedy em Dallas, em 22 de novembro de 1963, que a conclusão da Comissão Warren, que investigou a morte de JFK, concluiu que o assassino, Lee Harvey Oswald, teria agido sozinho.

Norman Mailer contestava veemente e violentamente essa conclusão.

Afirmava tratar-se de um complô.

Deu suas razões, escreveu um catatau sobre Oswald[1], onde mostrava que o rapaz teria sido parte de uma conspiração e, imediatamente, assassinado ao ser levado para depor – apesar de cercado por dezenas de policiais e jornalistas – por um certo Jack Ruby, um dono de boate em Dallas, no Texas, que, segundo Mailer, também era membro do mesmo grupo que conspirou o assassinato de JFK.

A morte de Lee Harvey Oswald seria *queima de arquivo*.

Mailer, evidentemente, fez inúmeros inimigos ao expor seus argumentos e ao continuar batendo na tecla da

---

[1]. MAILER, Oswald. *A história de Lee Oswald*. São Paulo: Editora Record, 1996.

conspiração. Ademais, já se tornara inimigo de feministas, conservadores e esquerdistas, tinha feito uma incursão desastrosa na política (candidato a prefeito de Nova York) e esfaqueara uma das esposas. Também era comum Mailer sair na porrada com outros escritores, jornalistas e quem quer que ousasse contestá-lo. Além de, evidentemente, escrever romances sólidos, calcados nas contradições e complexidade da sociedade norte-americana, misturando ficção e jornalismo, vários deles best-sellers, alguns premiados (2 vezes com o Pulitzer, 1 com o National Book Award).

Olha só que entrevistado interessante ele seria.

Mas como alcançar Norman Mailer?

··· ◆ ···

Tentei chegar a Mailer através de sua editora.

É o habitual a fazer, se você quer entrevistar um autor.

Disseram que não era com eles.

Me mandaram procurar seu agente literário.

Procurei.

Enviei uma primeira mensagem, sem resposta. Logo depois outra. Mais uns dias, outra mais. Na semana seguinte, de novo. E na outra. Fui mandando mensagens, naqueles tempos via correios e via fax, até que, finalmente, o agente me informou que "mister Mailer estava dedicado à composição de um novo livro e que, sob nenhuma circunstância, admitia ser interrompido". E também que, quando o livro estivesse pronto, mister Mailer concederia apenas duas ou três entrevistas. Exclusivamente para jornalistas norte-americanos.

Não desisti.

Através da editora norte-americana descobri que Norman Mailer tinha, além daquele agente que cuidava dos interesses dele nos Estados Unidos, inúmeros outros. Só de publicações suas em língua espanhola, ele tinha: um agente para o Mexico, outro para a Espanha, um outro para Argentina, outro para o Chile, um quinto para a Colômbia. Sem falar no agente que vendia suas obras para Portugal, outro que lidava com os direitos no Brasil, mais o da França, o da Alemanha etc., etc.

Escrevi para cada um deles. Diversas vezes. Faxes e cartas.

E de cada um fui recebendo respostas semelhantes: *el señor* Norman Mailer está criando uma nova obra e, durante esse período, *no hablarà com nadìe, no concederá entrevistas a ningún órgano de prensa.*

Todos terminavam sugerindo para eu voltar a tentar dentro de um ou dois anos, quando ele tivesse dado o ponto final no tal livro.

Poder esperar, podia.

Mas não queria. Nem devia. Uma ideia ou pauta é para aqui e agora. Já. Ou apodrece.

Tempus fugit.

··· ◆ ···

Lembram que eu falei dos muitos inimigos de NM?

Por vias que não pude revelar na época, quando Mailer ainda era vivo (pode anotar e ter sempre em mente: um repórter *jamais* revela suas *fontes*[2]) cheguei a um desses inimigos. Aliás, um ex-amigo, que tinha partilhado da privacidade dele.

Vale repetir que Mailer, boxeador semiprofissional na juventude e amador até meia-idade, não esmorecera com o avanço da idade e continuava saindo na porrada com Deus e todo o mundo, inimigos e amigos, daí resultando uma longa fila de homens e mulheres que o detestavam sem distinção de sexo, idade ou profissão.

Um desses inimigos, por sorte amigo meu, o biógrafo **Peter Manso**[3], com quem Norman Mailer também havia se desentendido[4], me passou o telefone dele.

O particular.

O de sua casa no Brooklyn.

··· ◆ ···

---

2. Jargão jornalístico para designar quem poderá lhe trazer informações confidenciais, antes de todos.
3. MANSO, Peter. *Mailer, His Life and Times*. Washington Square Press, 2008.
4. Manso também virou inimigo de Marlon Brando, ao escrever a impiedosa *Brando, The Biography*. Hyperion Press, 1995.

Quais são os limites para conseguir a entrevista que você quer?

Era uma invasão de privacidade?

Era.

Eu tinha alguma outra opção?

Não tinha.

Como todas as recusas, de todos os agentes, tinham comprovado.

Então: ia ou não ligar?

Tempus fugit, meu camarada. Em disparada.

···◆···

O mais provável é que minha ligação para o sacrossanto lar de Norman Mailer provocasse a sua célebre ira bíblica.

E que ele reagisse com o mais sonoro NÃO que eu já ouvira.

Era?

Sim, era. Eram, sim, reações prováveis.

Porém, eu não era um paparazzi.

Nunca fui a favor, nem nunca fiz nenhuma entrevista em que faltasse ao respeito com a pessoa entrevistada. Nem revelei intimidades, amantes, armários, doenças, aquilo que nós, jornalistas, sempre ficamos sabendo.

Daí pensei: o "não" eu já tenho.

> Guarde essa frase e use, sempre que tiver dúvida se deve tentar ou não obter uma entrevista: *"o não eu já tenho"*.

⋯ ◆ ⋯

Fiquei com aquele número por um dia, dois, quase uma semana. Bem em cima de minha mesa de trabalho. Bem à vista.

Aguardava o momento em que meu instinto me mandasse ligar.

Uma certa manhã de segunda-feira, o instinto mandou.

E eu liguei.

Não era o instinto que estava mandando, evidentemente…

Era ele.

Era o Anjo da Guarda do Repórter.

⋯ ◆ ⋯

Um anjo no Brooklyn

Disquei o número que o inimigo de Mailer tinha me dado (eram os tempos dos telefones fixos).

Atendeu uma voz feminina.

Antes que ela tivesse tempo de desligar, fui logo dizendo, o mais rápido que conseguia, com a mais clara pronúncia de inglês possível: "Olá, meu nome é Edney Silvestre, sou correspondente do Jornal brasileiro *O Globo* aqui nos Estados Unidos, um jornal que vende mais de 1 milhão de exemplares e que tem um grande interesse em uma entrevista com o escritor Norman Mailer, uma entrevista que, como disse, será lida por mais de 1 milhão de pessoas e..."

— *Did you say O Globo? From Brazil?* — a voz feminina perguntou do outro lado da linha.

— *Yes!* — respondi, já tentando emendar a correria da minha fala para garantir o pedido de entrevista antes de qualquer reação.

— *I was in Brazil until yesterday* — ela falou, num tom que me pareceu até simpático.

E continuou.

Tinha estado no Rio de Janeiro até o dia anterior, hospedada num hotel da Avenida Atlântica, num quarto *wonderful* com vista para o mar. Bastava ela atravessar a avenida para mergulhar no *beautiful* Oceano Atlântico. A temperatura no Rio, prosseguiu, estava perfeita, com céu azul e temperatura morna. Ela tinha descoberto a *delicious* caipirinha e ido a diversas churrascarias, além de ter comido alguns dos melhores frutos do mar de toda sua vida. E toda manhã, ao descer para tomar o *breakfast,* ela sempre encontrava exemplares de *O Globo* na recepção. E, mesmo sem entender ou ler português, folheava com prazer o jornal, que achou claro, bonito, bem paginado. De tal forma que, deduzindo a partir do pouco francês que tinha estudado na universidade, era capaz de acompanhar as notícias. As manchetes, pelo menos. "*Congratulations!*", ela me parabenizou, "o senhor trabalha para um excelente jornal".

— *Thank you* — agradeci. — *However, what I was trying to ask was...*

Ela explicou que era a assistente pessoal de Norman Mailer, que entendia eu querer uma entrevista para O Globo, mas que ele estava no meio da criação de um livro e...

Calou-se.

— *If only I could have a couple hours with mister Mailer* – recomecei, pedindo apenas um pouco do tempo do escritor.

— *Just a minute* — ela pediu. — Um minutinho, *please*.

··· ◆ ···

O minuto que a assistente de Norman Mailer pediu foi, é claro, coisa do Anjo da Guarda do Repórter falando ao ouvido dela.

Na hora eu não atinei, mas hoje entendo que, enquanto nos Estados Unidos eu me desdobrava em tentativas de levar um dos inúmeros agentes de Mailer a me conduzir a Norman Mailer, ao mesmo tempo, no Brasil, lá no hotel em frente ao mar de Copacabana, no Rio de Janeiro, o Anjo já havia colocado nas mãos da assistente dele, todas as manhãs, exemplares de *O Globo*.

Que a encantaram.

E continuou agindo, ao me orientar para conseguir o número particular de NM através do ex-amigo Peter Manso.

Também, obviamente, tinha sido o Anjo da Guarda do Repórter que me fizera ter paciência e aguardar o momento certo para telefonar. O momento em que seria a assistente vinda do Brasil, e não o próprio escritor, a atender o telefone dentro do escritório de Norman Mailer.

CQD.

··•◆•··

Passados alguns instantes, ela se pronunciou: "Vou falar com mister Mailer sobre seu pedido de entrevista. Ligue para mim hoje, depois das 3 da tarde".

Telefonei na hora marcada.

E exultei.

"Mister Mailer vai recebê-lo às 2 horas da tarde da quarta-feira", ela me disse. "No Actors Studio, onde está ensaiando sua peça sobre Marilyn Monroe".

Na quarta-feira eu estava lá.

Ele me recebeu com um sorriso e me deu uma entrevista memorável[5]. Tão reveladora e abrangente que, ao transferir seus arquivos para a Universidade do Texas, aquela entrevista foi incluída.

··•◆•··

A entrevista foi publicada em *O Globo* num domingo.

Na segunda-feira seguinte, recebi mais um fax, de mais um dos agentes de Norman Mailer.

Dizia algo do tipo: "Lamento *mister* Silvestre, mas não há nenhuma chance de Mr. Mailer lhe dar uma entrevista nos próximos 2 anos".

---

5. É a entrevista que abre meu livro *Contestadores – Edição comemorativa de 20 anos*. São Paulo: Almedina, 2023.

Peguei o exemplar de O Globo com a entrevista, fiz uma cópia reduzida e enviei àquele agente, com um baita *THANK YOU* grifado na frente.

Nunca mais ouvi falar daquele agente.

Entrevistar é...

ualquer pessoa é capaz de fazer uma entrevista.

Alguém pergunta, alguém responde.

Simples assim.

Só que não.

Repare o panorama, nesta segunda década do século em que você vive e tenta entender, decodificar e oferecer a seu público.

Celebridades entrevistam-se umas às outras em canais pagos que não querem gastar dinheiro em produção ou contratar – e pagar salários – a jornalistas de verdade. Blogueiros fazem lives de manhã/de tarde/de noite com quem quer que aceite aparecer. Bons e maus jornalistas fazem perguntas em coletivas de políticos e artistas. O Instagram tem avisos quase minuto a minuto de mais algum especialista falando do que sabe (ou acredita que sabe). No YouTube pululam influenciadores ou quem assim se acha; na televisão – sim, aquela dos canais com números e nomes – as notícias quase sempre são seguidas da opinião de quem quer que seja, devidamente questionado pelo profissional de jornalismo.

Todo mundo entrevistando todo mundo.

O universo dominado pelo blá blá blá.

Porque perguntar é fácil.

Já fazer a pergunta que abra espaço para uma entrevista memorável... essa tem de vir ancorada em tantos fatores quase sempre insuspeitados.

Mas que você pode dominar.

Desde que saiba em que terreno pisa.

◆

Tudo igual, em todo lugar, ao mesmo tempo

As redes sociais abriram caminhos extraordinários.

Quem antes não tinha voz, aqueles invisíveis para boa parte da imprensa, como os moradores de áreas ignoradas pelas autoridades, de repente descobriram que o celular que tinham no bolso, aliado ao acesso cada vez mais amplo à internet, fosse ou não pré-pago, podia ser um instrumento de cidadania. Um elemento forte para chamar atenção. Para exigir providências para sua comunidade, seu bairro, sua rua, sua vida.

E puseram a boca no mundo.

Mas essas mesmas redes sociais, esses mesmos celulares, deram à luz outro fenômeno.

O blá blá blá mundial que não leva a lugar nenhum.

O falar só por falar. O *encher linguiça,* como se dizia na minha terra.

O domínio da entrevista infértil, vazia e frívola.

Em resumo, o antijornalismo.

O ex-reality entrevista. A coadjuvante da novela entrevista. O ricaço sem ter o que fazer entrevista. O atleta que nunca esteve entre os melhores entrevista. O atleta que, sim, foi um megacraque em seu esporte entrevista. A influencer que mal sabe fazer concordância verbo-sujeito-predicado, também. E também a mulher ou o marido do diretor. A famosa por brigar com todo mundo, o famoso porque um dia foi casado com a filha de um sertanejo milionário. A maluca da suposta alta-sociedade. O/a idiotinha que só deseja mesmo é ganhar produtos de graça. A lista é entrevistadores é interminááááável. Tem de tudo, para todos os gostos.

E para nenhum, se você pensar bem.

Porque qualquer um, qualquer uma, suficientemente desinibida/o ou cara de pau o bastante, é capaz de realizar uma entrevista.

Só que não, repito.

Com instrumento tão poderoso, por que ser eunuco? Ou eunuca?

· · · ◆ · · ·

A pior derrota do jornalista é ser banal

Jornalista banal é irrelevante.

Eunuco/eunuca.

Fazer entrevista, o/a jornalista banal faz.

Porém, uma vez posto o jornal de lado, fechada a revista, clicado outro item na rede social, acabado o programa de televisão, tudo se apaga.

Foi apenas mais uma entrevista irrelevante.

Como um amor inconsequente de balada de fim de semana.

E, no entanto, pensando bem, a pessoa entrevistada parecia – pelo menos parecia – ter coisas a dizer. Parecia ter ideias originais. Parecia capaz de surpreender. Parecia... interessante.

E você, espectador ou leitor, chegou ao fim da matéria, à última frase da live, à última palavra da entrevista, à despedida do podcast, com aquela frustrante sensação de ter perdido tempo.

Felizmente para o seu arquivo mental, seu *hard drive* já sobrecarregado de informação de todo tipo e tamanho, logo se esquecerá dessa entrevista. E de outras, muitas outras, que viu, leu ou ouviu nos últimos tempos. Como vem acontecendo há muito tempo.

Esquecerá a entrevista, mas se lembrará do tempo que perdeu vendo ou lendo ou ouvindo aquelas baboseiras.

E da próxima vez que der de cara com, ou ouvir a voz de, aquele/a entrevistador/a, não titubeará. Irá pular de plataforma, trocar de canal, passar a página, desligar o podcast.

Você estará a salvo.

Mas a pessoa que realizava a entrevista... perdeu seguidor, perdeu leitor, perdeu assinante, perdeu espectador e, inevitavelmente, se era dono/a de canal de YouTube, emissora, produtora, consequentemente também perdeu faturamento.

Irrelevância é a maior de todas as grandes maldições do jornalismo.

Fuja dela.

Evite-a.

Existe como.

Continue lendo e verá.

··· ◆ ···

Qual é a sua ambição?

O que estaremos discutindo nestas páginas é muito mais que dinheiro, patrocinador, anunciante, seguidores, admiradores e até mesmo *haters*.

Muito mais que fama, celebridade, essas bobagens que o tempo corrói.

O que estaremos discutindo aqui é reputação.

A sua reputação.

É a construção de carreira.

A pavimentação de estrada para o futuro.

Um longo futuro.

E, muito especialmente, para o presente.

Vamos tentar um exercício?

Um pequeno exercício de imaginação, antes de prosseguirmos.

Imagine que você foi a pessoa escolhida para entrevistar a primeira-dama do Brasil.

Com que pergunta você abriria a entrevista, já que a primeira pergunta é aquela que apartará, ou não, as portas das revelações que parecerão interessantes e curiosas para o público que ama, odeia, ou é indiferente à esposa do presidente da república?

E em seguida?

Como você continuará, se da parte dela começarem a vir respostas curtas, monossilábicas, claramente indicando que suas perguntas são chatas, ou agressivas, ou bobocas, simplesmente?

Meu interesse maior seria no que era a vida de Janja Silva *antes* do Palácio do Planalto. Antes do casamento. Antes mesmo de quando passou a frequentar o acampamento em frente ao cárcere de Lula em Curitiba.

Mas no universo da política, mais ainda do que no mundo do entretenimento, as personas se cristalizam. E formam uma couraça praticamente impossível de penetrar.

Não se frustre se isso acontecer.

Se não aparecem os aspectos frágeis, é porque talvez não existam, mesmo.

Vou sugerir um exemplo mais radical.

Uma armadura mais – aparentemente – impenetrável do que a persona de uma primeira-dama.

E nisso incluo desde Janja Silva até Brigitte Macron, Michelle Obama ou qualquer das mulheres de presidentes contemporâneos que *pareçam* acessíveis.

Você vai entrevistar a Madonna.

Madonna

Isso mesmo, você tem a missão de entrevistar Madonna, a "Rainha do Pop", segundo seus admiradores.

Ou "a avó de Lady Gaga", como dizem os não-tão-fãs.

Nesta hipótese, a sua entrevista seria motivada por uma turnê mundial de despedida.

Mais uma.

Tal como a Cher e The Rolling Stones fazem, de tempos em tempos.

E, acredito, farão enquanto conseguirem subir num palco.

Não acho nem que seja por grana, pois é gente cheia dela.

É pelos aplausos, mesmo.

Pela adulação.

Pela adoração sincera.

Como uma virgem, como da primeira vez

Madonna é conhecida pela inteligência rápida, por farejar medo em quem a entrevista, por respostas desconcertantes e pelo completo e absoluto tédio diante das mesmas e inócuas perguntas que vem ouvindo desde seus tempos de início de carreira. Há quanto tempo, mesmo?

1982. Quando criou uma banda chamada The Breakfast Club.

As mesmas perguntas há quatro décadas, portanto.

Você vai perguntar sobre namorados dela?

Se prefere meninos ou meninas?

Vai perguntar sobre as mais recentes cirurgias plásticas?

Como se mantém em forma?

Vai perguntar sobre a próxima ou alguma passada vinda ao Brasil?

Ou (ai, *deosmeo*) o que acha do calor e receptividade do público brasileiro?

Ou como se sentia acolhida na temporada que morou em Portugal?

Se aprendeu palavras em português?

Se pode falar alguma?

Se sabe o que significa bunda?

Se ela gostou do colar que ganhou da Glória Maria?

Ou se entendeu aonde Marília Gabriela queria chegar?

Please, please, please...stop right there.

··◆··

Sejamos francos: alguém, por mais fã de Madonna que seja, ainda tem saco para acompanhar mais uma entrevista-igual-a-todas-as-entrevistas-anteriores da Rainha do Pop?

Nem você, nem eu, nem ninguém.

E, no entanto...

No entanto, existem tantos aspectos jamais revelados dessa mulher ousada e brilhante.

Como ela se reinventa, por exemplo.

Por que ela se reinventa?

Que inquietação é essa que a conduz a isso?

Ou seria compulsão?

O que você acha?

Uma caipira que venceu em Nova York. E no mundo inteiro.

Quanta coisa interessante deve ter para contar a moça de baixa classe-média do interior dos Estados Unidos, nascida Madonna Louise Ciccone em Bay City, estado de Michigan, órfã de mãe aos cinco anos, ambiciosa e anônima dançarina baixada na antropófaga Nova York, em busca de fama e fortuna, capaz de catar comida no lixo por não ter dinheiro para pagar sequer um

> cachorro-quente, e seguir fazendo teste atrás de teste, posando nua para ganhar alguns dólares a mais, sempre em busca de autodefinição, leitora voraz, cultivadora de imagem de devoradora de homens e mulheres enquanto, ao mesmo tempo, escrevia livro infantil para seu filho Rocco?

· · · ◆ · · ·

Que inquietação/compulsão/aflição/angústia é essa, que a leva a pular de cidade em cidade, de país em país (nos últimos tempos morou em Lisboa, Nova York, Londres, Nova York de novo)?

Está morando em Nova York para ficar perto dos filhos Rocco e Lourdes?

Ficou assustada quando teve um *escataplafe* e foi encontrada desacordada em casa, em julho de 2023?

Aquela foi a primeira vez, ou já tinha havido algum outro episódio?

Pretende se aposentar um dia?

Tem medo da velhice? Da morte?

Imagina que respostas ela poderia dar.

Em primeiro lugar, começando com você não tendo medo de entrevistar uma das maiores e mais – supostamente – arrogantes estrelas da história do *show business*.

Esqueça o medo, o frio na barriga, o suor na palma da mão, a aceleração do batimento cardíaco.

Isso já seria parte dos conselhos, orientações e sugestões que darei mais adiante.

··◆··

Aproveito para contar duas historinhas de entrevistas lamentáveis que fiz.

A primeira, com **Janet Jackson**.

··◆··

A irmã do Michael Jackson e a gripe de Frank Sinatra

Fiz meu **Dever de Casa** – um capítulo logo ali à frente (página 91) –, conversei com produtores musicais que conheciam a intimidade de Janet Jackson, e que me deram informações fora dos *press-releases* oficiais, e estudei entrevistas anteriores dela.

Cheguei para encontrá-la, confiante num bom resultado.

Aí aconteceu o que eu não esperava.

Uma situação para a qual não me preparei.

Nem sequer me ocorreu.

Como qualquer ser humano, Janet Jackson tinha seus altos e baixos, dias melhores que outros, humor titubeante. Uma bipolar, se quiser rotular. Mas, quem não é? Ademais, estava com enxaqueca, ou resfriado, ou crise de sinusite, ou o que quer que fosse que a deixava, verdadeiramente, para baixo.

··· ◆ ···

Vou enveredar, rapidamente, com a história abaixo, e já volto com a entrevista da Janet Jackson.

··· ◆ ···

Quando o grande jornalista **Gay Talese**, considerado um dos inventores do *New Journalism*, se viu enfrentando **Frank Sinatra** em situação semelhante à que eu passaria anos depois com Janet Jackson, teve uma solução genial.

Talese estava em Las Vegas para uma entrevista exclusiva, sem censura, com o cantor de *"My way"*, acompanhando-o por alguns dias.

Sinatra, entretanto, ignorou a presença do jornalista. Não o recebeu. Não lhe dirigiu a palavra. Mas tampouco o mandou embora. Ficava circulando de um lado para o outro, deixando-se ver, mas sem jamais dizer um "bu" para Talese.

Alegava estar resfriado.

Enquanto isso, as horas e os dias passavam, com a vida em torno de Sinatra seguindo o curso normal. Até onde o curso da vida de Sinatra podia ser considerado normal.

Ao final do prazo combinado, os assessores mandaram o jornalista embora.

Sem entrevista.

Sem uma frase, sequer.

O que fez Gay Talese?

Escreveu sobre aqueles dias.

Uma reportagem memorável sobre, justamente, as peculiaridades que levaram Sinatra a ignorá-lo e não lhe dirigir a palavra.

A reportagem, intitulada "Frank Sinatra está resfriado" (*Frank Sinatra has a cold*), publicada pela **revista Esquire** em abril de 1966, continua sendo, cinco décadas depois, um exemplo clássico de matéria esperta. Até hoje analisada, estudada e louvada nas escolas de comunicação, seminários e cursos de jornalismo. Com razão.

··· ◆ ···

Mas *Frank Sinatra has a cold* era uma reportagem de imprensa escrita. Sem som. Sem imagem em movimento.

··· ◆ ···

A entrevista que eu fiz com a irmã mais bem-sucedida de Michael Jackson era para o programa Milênio. Com som, imagem, movimento.

A cantora, então liderando as paradas de sucesso e famosa, naquela época, por mostrar um dos seios no show do intervalo do Super Bowl (teria, *acidentalmente*, pulado para fora do decote, alegava), deu respostas anêmicas, melancólicas, sem charme, claramente vindas de alguém doida para se livrar do repórter à sua frente. Ou para voltar para a cama. Mesmo que fosse um resfriado emocional, psíquico, sei lá.

O fato é que eu não soube dar a volta no resfriado psíquico de Janet Jackson.

Passei toda a entrevista aguardando brotar a artista vibrante, cheia de energia e alegria a que todos estávamos acostumados.

Ou seja: sua imagem pública.

Não a verdadeira, a filha de um pai violento, que humilhava e espancava seus filhos, exigindo-lhes perfeição e sucesso.

E faturamento, obviamente.

Se fosse uma reportagem escrita, talvez eu desse o título *"Quando entrevistei Janet Jackson e ela não estava lá"*.

⋯⋄◆⋄⋯

Aprendendo com a derrota

Outro fracasso, cuja culpa quase (apenas quase) me eximo, foi uma entrevista com o roqueiro **Jon Bon Jovi**.

Deve haver exceções, mas todos os roqueiros que entrevistei tinham certeza de sua genialidade. Eram capazes de dizer as maiores banalidades como se fossem Friedrich Nietzche.

Jon Bon Jovi era um desses.

A entrevista com o roqueiro, também para televisão, foi no interior de seu trailer. Dentro de um ambiente fechado, claro. O trailer, por sua vez, estava no interior de um hangar de filmagem. Com pouca luz, evidentemente. Penumbra, mesmo. Ele me recebeu, já devidamente maquiado e penteado (tinha – e continua tendo – farta cabeleira), com aperto de mão amigável, porém... de óculos escuros.

Repito.

Jon Bon Jovi estava no interior de um trailer, dentro de um hangar, na penumbra, de óculos escuros. Mais para Stevie Wonder do que para Bruce Springsteen.

Sugeri que tirasse os óculos para a gravação.

Ele respondeu que preferia mantê-los.

Insisti que para nossa imagem, interna, na obscuridade, os olhos ocultos por trás de óculos de sol não eram, digamos, o que os telespectadores, especialmente suas e seus fãs, prefeririam.

JBJ foi categórico.

Faria a entrevista dentro do trailer, usando óculos de sol, e *that's that*.

··· ◆ ···

Assim foi. Acatamos a exigência da estrela. Gravamos conforme o astro de rock exigiu.

Em nenhum momento, nem por um segundo, me ocorreu fazer a pergunta que poderia dar uma apimentada naquele momento jornalístico ridículo, e assim tentar dar alguma relevância e originalidade àquela entrevista anódina.

Bastava que eu perguntasse: "Por que o senhor está de óculos de sol, já que nos encontramos dentro de um trailer, por sua vez dentro de um hangar coberto?"

Mas não perguntei.

Nem me ocorreu perguntar.

Porque cometi o erro de acreditar que estava perfeitamente preparado, pronto para conseguir respostas interessantes para perguntas que, achava eu, eram também interessares.

Ou seja: cai da minha pretensão e arrogância.

E assim a entrevista exclusiva com o Jon Bom Jovi foi ao ar.

Mais uma. Igual a tantas outras.

Não acredito que ninguém se lembre.

Nem a Mônica Labarthe, que na época dirigia o Milênio.

Aliás, rezo para que ninguém se lembre.

E a fita (era tempo de fitas gravadas) aparentemente desapareceu pelos labirintos do arquivo de imagem da TVG.

Graças a Deus.

P.S.: Sempre me perguntam se Jon Bom Jovi fazia luzes no cabelo e usava laquê. Sobre luzes, realmente não saberia como identificar. Quanto ao laquê...

Afiando suas armas
(& sua língua)

1
Quem tem medo de uma boa entrevistadora, um bom entrevistador que saiba com quem está falando?

Quando lancei meu primeiro livro de crônicas, *Dias de cachorro louco* (Editora Record, 1995 – esgotado), que tinha como subtítulo, justamente, *27 crônicas de Nova York*, vim ao Brasil para o lançamento e fui entrevistado para um programa de televisão em São Paulo.

Era minha primeira vez diante das câmeras.

E, logo na primeira pergunta, levei uma rasteira.

O esclarecedor subtítulo, acreditava eu, foi inútil diante da clara indiferença do âncora do tal programa.

Apesar da palavra "crônicas", apesar de o entrevistador ter recebido informações a meu respeito e dos temas do livro, apesar da orelha dar uma ideia geral de que naquelas páginas estavam algumas das minhas experiências de brasileiro de cidade pequena na cidade mais cosmopolita e surpreendente do mundo... o âncora claramente não lera nada.

E não tinha a menor ideia do que tratava *Dias de cachorro louco*.

Aí jogou e seguinte pergunta:

— Edney Silvestre, conte para nós sobre o guia turístico que você escreveu sobre Nova York.

Juro.

"*Guia turístico sobre Nova York*"!!!???

O sentimento, além de perplexidade, foi de vergonha alheia.

O que um entrevistado pode fazer, quando o entrevistador não tem ideia de quem tem à frente, muito menos por quê?

Foi uma lição para mim.

Dali me prometi que nunca, jamais, cometeria um tal desrespeito por quem eu viesse a entrevistar.

Não deixe isso acontecer com você.

Não faça isso com seu entrevistado.

Não seja o entrevistador cego, surdo e arrogante.

2. Prepare-se como se fosse fazer a entrevista mais importante de sua vida

Toda entrevista é a mais importante de sua carreira.

Se for boa, todos se lembrarão.

Se for ruim, todos se lembrarão mais ainda.

Portanto, prepare-se.

Informe-se.

Leia tudo o que puder sobre a pessoa entrevistada.

3. Hoje é sempre o primeiro dia de sua carreira jornalística

Cada dia, para um jornalista, é sempre o primeiro.

Faça de tudo para que não seja o último.

Uma entrevista pode ser memorável, fonte de inspiração, lembrada e reproduzida em redes sociais, conversas, livros, salas de aula.

Vide Gay Talese com Frank Sinatra.

Vide, como exemplo negativo, minhas escorregadas com Janet Jackson e Jon bom Jovi.

Nunca se esqueça que uma entrevista, ao contrário da rosa de Gertrude Stein, não é apenas uma entrevista, uma entrevista, uma entrevista.

Uma entrevista é parte de sua reputação profissional.

4. Até onde sua entrevista pode fazer diferença no mundo em que vivemos?

Não se iluda: toda palavra dita, escrita, ouvida, ecoa em quem vê, ouve, lê.

Pense nisso ao se dirigir para uma entrevista.

Uma boa entrevista pode contribuir para enriquecer e dar novos contornos às vidas daqueles que a assistem, ouvem ou leem.

Pode ajudar, consequentemente, a mudar o mundo.

Se não tanto, pode ao menos ajudar a clarear a visão do mundo.

O que já é um bocado.

5. O que você quer?

Fama? Fortuna? Milhares de seguidores? Um *talk show* só seu? O lugar e o faturamento do Luciano Huck?

Diga aí o que pretende.

Porque aqui, neste livro, não encontrará nenhuma chave mágica para isso.

Este livro é sobre trabalho.

Dedicação.

Sim, como uma boa entrevista pode, inclusive, dar impulso à carreira de entrevistado/a e entrevistado/a.

Mas o objetivo não é esse.

6. Por onde começar?

Entrevistar é fácil, mas criar uma boa entrevista é dificílimo.

Porém, existem maneiras de chegar lá.

Não são truques.

São regras. Nada rígidas.

Que dependem, inteiramente, de uma primeira premissa.

E qual seria essa premissa?

··· ◆ ···

O(s) grande(s) segredo(s) da boa entrevista

O maior segredo de uma boa entrevista, na verdade, são dois.

E o segundo é filhote do primeiro.

··· ◆ ···

Se você foi uma criança chata, parabéns. Tem meio caminho andado

O primeiro segredo é uma qualidade (ou problema, ou vício, ou chatice, ou mania, dependendo do ponto de vista) de sua infância. É aquele traço de personalidade que fazia você deixar todo mundo enlouquecido, impaciente e frequentemente irritado, seus pais, tios, vizinhos, madrinhas e padrinhos, irmãos mais velhos, professores, avós, praticamente todo mundo à sua volta, quando você era criança.

··· ◆ ···

Curiosidade.

··· ◆ ···

Se lembra da metralhadora de perguntas que você era quando pequena/o, matraqueando sem parar?

Pegue.

Será sua arma.

⋯ ◆ ⋯

> **Você era assim?**
>
> Tipo: o que é isso? Quem trouxe? Como chama? Por quê? Como funciona? Que gosto tem? É bom? É ruim? Por que não posso experimentar? De quem é? Quem fez? Por que fez? Posso pegar? Posso usar? Por que não? Posso experimentar? Por que não? Posso ficar para mim? Por que não? Como você (ou a senhora, o senhor) sabe tudo isso? Quem lhe ensinou? Por quê? Mas é verdade, mesmo? Como sabe que não é mentira? E se for mentira? Quantas vezes você (o senhor, a senhora) já experimentou e deu certo? etc., etc., etc.
>
> Por aí continuava a/o pequena/o futuro repórter.

⋯ ◆ ⋯

Segredo n. 1:
Simples, assim

Pode anotar: sem curiosidade, não existe entrevista.

Nem boa, nem ruim. Não existe nada. Zero.

Se a curiosidade é a mãe de todas as invenções, também é das boas – e más, claro – entrevistas.

Uma boa entrevista não deve, não precisa, não pode ofender.

Mesmo fazendo as perguntas mais duras.

"**Perguntar não ofende**", citam, naquele velho ditado.

Se bem que, às vezes, ofende, sim.

Que o diga a atriz **Halle Berry**.

Quando perguntar ofende

Alguns anos antes de Halle Berry ganhar o Oscar, participei de uma entrevista com ela, ao lado de mais 4 jornalistas internacionais. Um deles, de um tabloide australiano.

Naquela época as colunas de fofocas soltaram várias notas afirmando que o marido da atriz, se não me engano um jogador de beisebol, vinha lhe dando surras constantes.

O tal jornalista australiano esperou apenas que as apresentações fossem feitas e, mal Halle Berry sentou-se, jogou a pergunta: "É verdade que você apanha do seu marido?".

A atriz, sem dizer uma palavra, levantou-se e retirou-se da entrevista. Que acabou ali, para todos nós.

O jornalista australiano, com um baita sorriso no rosto, saiu em seguida.

Estava vitorioso.

Tinha a manchete que queria.

E a publicou no tabloide.

"Halle Berry se recusa a falar das surras que leva do marido".

A pergunta mais difícil, primeiro

Na opinião da italiana **Oriana Fallaci**, audaciosa correspondente internacional que entrevistou alguns dos mais temidos ditadores e homens (e mulheres) poderosos de seu tempo, como Fidel Castro, Yasser Arafat, Golda Meir, Robert Kennedy, Henry Kissinger e o Dalai Lama, uma boa entrevista deveria começar sempre pelas perguntas mais duras.

Para o nada-democrático Xá do Irã, por exemplo, ela jogou:

— Se eu fosse iraniana e o criticasse, o senhor mandaria me prender, como faz com tantos dos seus críticos em seu país?

Ao que ele respondeu, sem alterar o educado tom de voz:

— Sem dúvida.

Não perca tempo

Na época da **ditadura militar brasileira**, entre 1964 e 1985, tal como há pouco tempo quando o presidente era um capitão aposentado, favorável ao *cercadinho* para jornalistas, a pergunta importante tinha de ser lançada logo na primeira aparição do coronel, general, fosse lá quem fosse a aparecer diante dos repórteres.

Porque não haveria uma segunda chance.

Mas dissesse o que dissesse a criatura das casernas (que muitas vezes berrava agressivamente com os repórteres, como fez o general Newton Cruz, que negava haver torturas no país – "Cala a boca!", ele berrava, "Desliga isso!", e se considerava, como tantos outros de seu tempo, salvador da pátria), a fala do sujeito valia para a reportagem.

E continua valendo.

Gritos, agressividade, cusparadas, empurrões de seguranças e puxa-sacos, xingamentos, palavras machistas ou homofóbicas, vale resistir a toda essa ignomínia antidemocrática para fazer bem o trabalho que você pode fazer.

Desde que esse tipo de baixaria seja registrado.

Recomendação valiosíssima: nunca deixe que tomem seu celular, gravador, câmera, o que for.

Jamais.

É o registro da verdade.

Proteja-a.

···◆···

O mesmo tipo de "lance logo sua pergunta" acontece quando, por exemplo, os jornalistas têm a oportunidade de estarem próximos, ou verem passar, estejam ou não algemadas, com a cara escondida ou não, pessoas acusadas de crimes, falcatruas, violência, contravenções.

É aquela chance ou nunca mais.

Não espere.

Grite sua pergunta.

Grite logo.
Grite o mais alto que puder.
Contanto que, antes, tenha feito seu **Dever de casa**.
(Já chegaremos lá).

··· ◆ ···

A curiosidade é sua arma mais poderosa

Mas onde entra a importância da curiosidade do repórter nessas circunstâncias agressivas, ou arrogantes?

··· ◆ ···

Repare e anote mentalmente os rostos e nomes das pessoas, ajudantes de ordens, motorista, garçom, secretária, tradutor em libras, séquito, todos e quem quer que você veja junto de quem você precisa obter uma resposta para sua matéria, uma *sonora* (como é referida a citação na tevê).

Guarde bem seus nomes, rostos, cargos

Mais dia, menos dia, você vai dar de cara com ela ou ele em alguma fila de supermercado ou noite de autógrafos, saída de cinema, corredor, repartição, salão de cabeleireiro, restaurante, padaria, elevador, posto de gasolina, garagem. Vai acontecer. Especialmente se você cobrir política e polícia (categorias que às vezes ficam difíceis de separar).

Preste atenção, especialmente, se essa pessoa que você reconheceu de uma situação anterior, daquela muvuca do outro dia, estiver acompanhando a mesma figura de quem você tentou arrancar uma fala, uma sonora, uma resposta, uma declaração.

Ligue todas as suas antenas se a pessoa que você reconheceu estiver sozinha.

Mais ainda se for num local inusitado.

(Vale acrescentar que a desconfiança também é boa companhia de um(a) repórter).

Pois bem, nessa hora você tem de se perguntar: o que essa pessoa está fazendo, desacompanhada da autoridade ou celebridade? Um serviço? Uma ação discreta? Levando ou trazendo um recado? Entregando ou recebendo propina? Uma caixa de joias? Nenhuma das respostas acima?

Essas pessoas podem se tornar suas fontes.

Um rio nunca passa duas vezes sob a mesma ponte

Não importa a razão pela qual a pessoa está onde você a encontrou.

Meu conselho: cumprimente.

Puxe conversa.

Leve um papo, despretensioso, sobre o local onde estão ou qualquer outro tema neutro.

Vá conduzindo ao diálogo, tal como sua mãe ou pai faziam com você quando queriam descobrir onde e com quem você passou as últimas horas, ou a noite, com o celular desligado.

(Mesmo quando você alegava que a bateria estava descarregada).

Isso é a curiosidade do repórter.

Também chamado de **faro jornalístico**.

Que pode não levar a nada.

Ou pode.

···◆···

Algum tempo depois...

No mínimo, a pessoa o reconhecerá da próxima vez em que você estiver se espremendo entre colegas, na porta do palácio ou da delegacia, lutando para conseguir uma migalha que seja de informação para o telejornal de ali a algumas horas, ou para o blog, ou para o jornal que está fechando, ou para o podcast que transmitirá logo depois, o quer que seja...

Repisando que o encontro casual, aliado à curiosidade de repórter, pode se desdobrar na construção de uma *fonte*, jargão jornalístico para caracterizar quem poderá tornar-se seu/sua informante junto ao órgão ou pessoa que lhe interessa.

Há um exemplo prodigioso.

Seguramente você já ouviu falar, ou leu, sobre o informante apelidado de ***Deep Throat***, o Garganta Profunda.

Foi graças a ele[6] que os jornalistas Carl Bernstein e Bob Woodward puderam delatar, numa série de reportagens do jornal *The Washington Post*, os planos criminosos do presidente norte-americano Richard Nixon, em 1972.

Para escapar da cassação, Nixon viu-se obrigado a renunciar.

Pois, então.

Tudo começou com uma fonte.

E a tal da incansável curiosidade, essencial para quem quer ser jornalista.

··· ◆ ···

Segredo n. 2:
A família da curiosidade

A curiosidade tem um filhote.

Ou seria... um irmão gêmeo?

Talvez melhor até chamar de irmão siamês.

Porque vive colado na curiosidade.

São praticamente inseparáveis.

É o **segundo segredo**.

---

6. *Deep Throat*, o informante secreto, a fonte dos jornalistas Woodward e Bernstein, era um ex-diretor do FBI chamado William Mark Felt. Seu nome só foi revelado três décadas depois, em 2009, um ano após sua morte.

Trata-se do interesse pelo outro.

Total, absoluto e, especialmente, sem preconceito.

A vontade de saber mais sobre uma pessoa.

Eis a dupla: **curiosidade + interesse** pelo outro.

Uma irmandade partilhada com o público.

Uma identificação com o telespectador, com o leitor, com o assinante, com qualquer pessoa, com todas as pessoas, aliás, que não têm a chance, nem o privilégio, de estar no seu lugar.

Privilégio: lembre-se disso.

E pense em quem não tem.

Porque você, como vimos antes, pode estar diante da primeira-dama do Brasil, ou da Rainha do Pop, ou do único escritor em língua portuguesa a ganhar o Nobel de Literatura, ou do astrofísico que prova, por A mais B, ser possível viajar no tempo. Ou mesmo diante da mulher que matou o marido, esquartejou-o e levou seus pedaços para fora do apartamento em malas.

Interesse pelo outro.

Total e absolutamente.

E, repito, sem preconceito.

**Você é o público
que quer atingir**

Nunca se esqueça disso.

Você representa todo mundo que não pode estar onde você está.

Conversando com quem você está conversando.

Perguntando o que caberá a você indagar.

Com o privilégio, vem a responsabilidade.

Mais que responsabilidade.

Obrigação.

Você tem de ter a mesma curiosidade de quem está do outro lado do tablet, do computador, do seu veículo, da sua mídia, para descobrir quem é, de verdade, a pessoa que você está tendo o privilégio de entrevistar.

É sua responsabilidade.

Você estudou. Você foi bafejado/a pela sorte. A escolha recaiu sobre você.

Retribua.

Leve com você a sua espectadora, seu leitor, seu ouvinte, seu assinante para conhecer o superastro da música sertaneja de ascensão meteórica, para saber quem é a mais nova sensação dos memes nas plataformas da internet, ou a mais recente, a mais clicada majestade de dancinha no TikTok. A ganhadora do reality-show recheado de malabarismos sexuais, de onde veio, para onde pretende ir, como era antes das cirurgias plásticas que fizeram dela, ou dele, esta criatura altamente fotografável e *instagramável*, o que acha? Que tal os contornos íntimos e as ambições do/da vencedor(a) de um grande prêmio literário mundial? Ou do/da grande perdedor(a).

Perdedores podem lhe dar entrevistas sensacionais.

··· ◆ ···

Nem sempre quem não ganha é o perdedor

Curiosidade, se lembra?

Use-a da maneira que outras pessoas não se lembrariam de usar.

Breve exemplo, que certamente já passou pela sua cabeça.

Será que você, como grande parte do público, não se pergunta por que razão tantos ganhadores do BBB caíram no esquecimento? E por que vários *perdedores*, como **Gil do Vigor**, **Grazi Massaferra** e **Sabrina Sato**, para citar apenas três, continuam famosos e ganhando muito dinheiro?

Falo do BBB porque é a citação mais fácil de constatar.

Mas se você passar por um sebo de livros e revistas, dê uma olhada na *Caras* de anos passados. Veja quantas estrelas de então simplesmente sumiram, sem que você sequer se lembrasse que um dia existiram.

Se há alguma lição nisso – e sempre há lições a tirar de tudo – é que nem sempre quem perde é o derrotado. Nem quem ganha é o vencedor a longo prazo.

Não seria uma boa pauta?

··•·· ◆ ··•··

Repórter é um pouco psicólogo, um tanto detetive.

No sentido de procurar, fuçar, analisar, até encontrar – ou pelo menos tentar encontrar – e revelar o que está por trás do sorriso, ou da tristeza, do jeito carrancudo, secreto, enrustido, antipático, acessível, atrevido, debochado, megassimpático, o que for que pareça (sublinho *pareça*) caracterizar a pessoa a quem lhe foi dado o privilégio (sim, privilégio, repito, *de novo*) de entrevistar.

··•·· ◆ ··•··

Quem, o quê, onde, como, quando e por quê.
Não são as informações básicas de uma reportagem?

··•·· ◆ ··•··

Quando a Rainha Elizabeth II visitou o Rio de Janeiro, os governantes de então – os militares que estavam no poder, comandados pelo General de cavalaria Artur da Costa e Silva – cobriram com tapumes uma favela na Zona Sul para evitar que os olhos reais ficassem chocados com a miséria do povo dali.

Repórter mostra o que está por trás dos tapumes.

Seja o presidente da república ou seu filho. Seja a brasileira-nova-sensação das passarelas de moda. A/o líder comunitária/o cuja vida está sendo ameaçada. O familiar que salvou a vida de seu ente querido doando um rim. Os lavradores que criaram cooperativa capaz de lhes conseguir melhores preços de insumos e mais justa remuneração para sua colheita.

E vai adiante.

··· ◆ ···

Como estes personagens conseguiram chegar onde chegaram, você se perguntará, antes de perguntar a ele, ela, elas ou eles.

··· ◆ ···

Em que momento de suas existências houve o *clique* que modificaria toda a futura existência? Deles e de seus filhos, vizinhos, conterrâneos?

··· ◆ ···

Pergunte a si mesmo o que você faria, em situação análoga, antes de dirigir a pergunta a quem entrevista.

··· ◆ ···

Quem, no fundo, é essa pessoa (além do que está na **Wikipedia** ou no press-release)?

··· ◆ ···

Como chegou a esse momento em que está frente a frente com você?

··· ◆ ···

Por que estamos frente a frente, você deve se perguntar?

··· ◆ ···

O que me trouxe aqui, como jornalista?

··· ◆ ···

O que eu posso levar daqui? Para mim e para quem me assiste, ou vê meus posts, ou lê o que escrevo?

··· ◆ ···

Se essa pessoa fosse minha irmã, meu pai ou minha mãe, minha filha, meu crush, minha ex-namorada, meu amante, o que eu estaria pensando de sua trajetória?

··· ◆ ···

Esta pessoa está equivocada? Ou sou eu que não atino a determinação de seu percurso?

··· ◆ ···

Ela está a caminho da ruína, pessoal ou profissional?

··· ◆ ···

Ela está certíssima, fazendo tudo dentro de uma bíblia de ambições, sonhos ou desejos?

··· ◆ ···

Ela está sacrificando tudo à sua volta para chegar aonde pretende chegar?

··· ◆ ···

Ela faz questão de carregar junto, e ajudar, de alguma forma, todos e todas que não tiveram as mesmas oportunidades, ou a mesma esperteza, ou inteligência que ela?

··· ◆ ···

Por que está usando essa roupa?

··· ◆ ···

O que essa roupa significa, o que esse decote profundo diz sobre ela, ou essa gravata diz sobre ele, ou a falta de gravata, ou o vestido modesto, qual recado está sendo dado aqui?

··•◆•··

É de propósito?

··•◆•··

Ou ela não tem a menor ideia porque está usando e tem alguém que escolhe suas roupas, indica como seu cabelo deve ser cortado e penteado, lhe ensina como responder perguntas e driblar os jornalistas?

··•◆•··

Toda roupa significa alguma coisa.
Toda.
É uma mensagem.
É um recado.
Mesmo se mal dado.

··•◆•··

E por aí vai.
Há tanto para revelar.

Mesmo quando a pessoa entrevistada tenta ocultar.

Especialmente quando tenta ocultar.

··◆··

Celebridade também tem dor de barriga

Ou resfriado, como o Frank Sinatra.

Ou depressão.

Ou sentimento de injustiça, com tudo que lhe exigem.

Sente fome, mas não pode comer porque está em dieta.

Quer descansar da noite mal dormida, mas tem uma batelada de entrevistas para dar.

Et cetera.

··◆··

Todo mundo é igual a todo mundo, por mais que alguns e algumas tentem parecer melhor, mais talentoso(a), mais bonito(a) ou mais seja lá o que for, ao fazer sua, dele(a), carreira.

··◆··

No Brasil e na Europa a **superproteção a celebridades** e **subcelebridades** ainda é, na maior parte das vezes, contornável. Não me refiro, evidentemente, à família real inglesa, cujos assessores chegam a derrubar câmeras e gravadores de repórteres.

Mas nos Estados Unidos, onde a imagem divulgada de cada um pode fazer a fortuna (vide as **irmãs Kardashian**) ou levar a ruína (lembra de uma atriz chamada **Lindsay Lohan**? Ou da modelo/atriz **Ana Nicole Smith**?), alguns entrevistados chegam a ponto de exigir escolha das fotos que ilustrarão as matérias sobre si.

Tom Cruise era uma dessas pessoas.

Arrefeceu as exigências quando seu agente e seus assessores decidiram que teriam um fotógrafo (ou cinegrafista) deles para registrar a entrevista. E assim fizeram. Já viu alguma foto em que Tom Cruise apareça enrugado? Descabelado? Ou calçando seus sapatos de plataforma, que o fazem parecer mais alto? Pois, aí está.

CQD.

◆

(A propósito, o ditador russo **Vladimir Putin** também usa sapatos de plataforma para disfarçar sua baixa estatura. E ninguém ousa comentar).

O que são *"junkets"*? [7]

Nas *junkets* com estrelas de filmes, shows e seriados, como **Johnny Depp**, **Barbra Streisand** e **Sophia Loren**, os organizadores montam o estúdio, em geral em alguma grande suíte de hotel, com luzes e câmeras da forma que melhor entendem, e que sejam o mais lisonjeiras possível para seus astros. Eles mesmos gravam, depois entregam as imagens para o/a entrevistador(a).

Se quiser assim, ótimo.

Se não quiser, bye-bye.

Nem todo mundo é agradável e acessível como **Juliette Binoche**.

Nem sempre se acerta na abordagem de surpresa, como me aconteceu com a genial comediante **Madeline Kahn**.

---

[7]. *Junkets* são rodadas de entrevistas individuais, de 10 minutos a meia-hora, em que artistas e autores promovem seus filmes, peças, shows, álbuns etc. É comum, também, as *junkets* colocarem de 4 a 10 jornalistas numa mesma mesa, para a qual trazem o artista a ser entrevistado.

Dever de casa

Era madrugada, por volta das quatro da manhã, sobrevoando o oceano Atlântico a caminho de uma ilha na costa da África. Sem pregar os olhos desde o dia anterior, aflito com o que – e quem – me aguardava no destino final, espremido na poltrona do meio da classe econômica, entre dois senhores rotundos a roncar, eu tinha vários livros no colo, com inúmeras páginas cheias de post-its, frases e frases sublinhadas, enquanto, mal apoiado numa daquelas mesinhas de refeição liliputianas, anotava freneticamente num bloco, já entupido de outras centenas de notas sobre o meu entrevistado.

Eu estava voando para Lanzarote, uma das Ilhas Canárias, território pertencente à Espanha, situada a menos de cem quilômetros da costa do Marrocos.

O voo faria escala (com 4 horas de espera para conexão) em Madri. Com troca de aeroporto.

Minha missão era entrevistar um dos escritores que mais admirava (e admiro). O único autor em língua portuguesa premiado com o Nobel de Literatura.

José Saramago.

Lá em cima, sem tempo para corrigir o que eu poderia ter feito de errado na preparação, me bateu a clássica insegurança pré-entrevista. E se eu falhar? E se não souber o suficiente sobre ele? E se me *der um branco*[8] e eu *congelar* diante dele? Isso não tem solução, pensei, quase em pânico.

Sobrevoando o atlântico de classe econômica, a 10 mil pés de altura, não é o melhor lugar para ficar angustiado.

Afinal, eu tinha ou não tinha feito meu dever de casa?

· · ◆ · · ·

Vivendo sobre vulcões

(**José Saramago** e **Pilar Del Rio** se estabeleceram em Lanzarote para escapar do assédio constante em Lisboa, que o impedia de dedicar-se a seus livros. Fica a mais de mil quilômetros de Portugal e de onde dava para ver, em dias claros, a costa marroquina, de tão próxima, diziam. Vale acrescentar: Lanzarote tem 200 vulcões, hoje inativos. Mas numa noite de setembro de 1730, um deles acordou cuspindo fogo. E pelos seis anos seguintes, outros vulcões explodiram, ininterruptamente,

---

8. Sim, existe solução. Tenha umas três perguntas prontas, anotadas. Aliás, melhor preparar uma meia dúzia. Se não precisar usar, melhor. Mas é bom, de toda forma: ao prepará-las, você já estará se exercitando.

> arrasando o que restara dos povoados e plantações de seiscentas famílias de colonizadores espanhóis sobreviventes à primeira erupção. Em algumas partes da ilha basta cavar pouco mais de alguns metros e se vê, ainda, lava.
>
> E fogo.
>
> Fechando os parênteses: a bordo do voo transatlântico, eu não sabia nada disso. Os vulcões não estavam no meu Dever de Casa. Mas a imensa obra de Saramago, sim).

Estude, estude, estude
E estude mais

Norman Mailer nunca tinha dado entrevista para repórter brasileiro. Eu consegui. Graças a um inimigo dele, Peter Manso, como já contei. Naquela situação, eu era puro contentamento. Havia me preparado com tanta informação – além de levar fichas, blocos, cadernos –, que não sentia a menor insegurança a caminho do Actors Studio.

Deveria ter sido igual, acreditei, com a entrevista do Saramago.

Naquele voo entre gordos roncadores, eu levava comigo uns oito ou nove romances em papel (não eram acessíveis, ainda, leitores eletrônicos como o Kindle). Eu os lera, todos, e relera várias partes deles, marcando páginas e mais páginas, marcando frases e parágrafos com caneta amarela. No bloco, escrevera folhas e mais folhas com datas, nomes de familiares, citações, frases, informações relevantes e outras nem tanto.

Eram minhas armas para enfrentar os dois grandes desafios de entrevistar uma celebridade.

Mas eu estava mergulhado em insegurança.

Quase afogado nela.

··· ◆ ···

Entrevistador afiado é como atleta bem treinado

Meu primeiro desafio era o mesmo que você enfrentará em inúmeros casos. Muitos colegas já terão entrevistado – Saramago, no meu caso – quem você está próximo de entrevistar.

Quantas vezes ele, ou ela, terá ouvido a mesma pergunta?

Quantas vezes ela, ou ele, terá dado a mesma resposta?

Quase no *respondedor* automático, né mesmo?

Quantas vezes o público terá paciência para ver, ler ou ouvir tudo de novo?

Se fosse você vendo, lendo ou ouvindo, continuaria ou passaria adiante? Falamos disso, lembra?

A escolha é simples.

Bye, babe.

Chatice ou surpresa, o que você escolheria?

Pois aí está o grande desafio, capaz de derrubar tanta gente.

Eunuco, eunuca.

A maldição da irrelevância.

Como fazer para que a sua entrevista não seja apenas mais uma entrevista? Como levá-la de forma que ela seja memorável?

··•◆•··

No caso da entrevista com José Saramago, havia um outro desafio.

Alguns outros, aliás, a se juntar a este primeiro.

··•◆•··

Tente, peça, solicite, procure. Nunca desista

Conseguir a entrevista com **José Saramago** tomara meses de negociações com o editor brasileiro dele, **Luiz Schwarcz**, da Companhia das Letras. Luiz fizera a ponte. A época era favorável: a obra mais recente de Saramago, *As pequenas memórias*, estava para chegar às livrarias de Portugal e do Brasil.

Passei outras tantas semanas e meses convencendo os diretores da *GloboNews* e do Jornal da Globo a mexer em seus orçamentos e autorizar aquela despesa alta, fora do habitual, de enviar uma equipe para quase o outro lado do mundo à caça de uma entrevista exclusiva com um intelectual exigente e, por vezes, diziam, facilmente irritável. E sua ainda mais exigente mulher, a jornalista espanhola **Pilar Del Rio**.

Tínhamos prazo e data marcados por Pilar. Sem chance de alteração.

Era uma grande responsabilidade editorial, tanto quanto financeira.

Quando a agência de viagens que na época trabalhava para a TVG veio com um orçamento caríssimo, muito além do que havíamos imaginado e calculado, pedimos que o refizesse.

O prazo correndo.

Nossa brecha de tempo estreitando.

E a agência, por razões que a mim, até hoje, parecem obscuras, nada de encontrar solução mais realista.

Daí que **Erick Brêtas**, na época editor do Jornal da Globo, onde a entrevista estrearia antes do GloboNews Literatura, agiu.

Entrou na internet, fez ele mesmo as reservas de passagem e hospedagem, e adiantou o pagamento com o próprio cartão de crédito.

Só assim pudemos avançar.

Treino é treino, jogo é jogo

Vá para uma entrevista com o mesmo espírito que um atleta encara a final de um campeonato.

Aja como um artista tentando criar algo ainda não feito. Como se estivesse diante de uma tela branca, ainda intocada por um pincel, ou um bloco de mármore, onde nada foi escupido.

Esteja aberto para começar, mesmo após tudo estudado sobre a pessoa.

Tente ver pelo lado que ninguém viu ainda. Penetrar por meandros ainda não percorridos.

Pensei em dar como exemplo uma entrevista com a ex-governadora do Estado do Rio, Rosinha Garotinho, tantas vezes acusada de corrupção e improbidade. Mas isso poderia, e é bom saber desde o começo, provocar processos por calúnia, difamação e o que mais houver no código penal para amparar cidadãos de bem de sofrerem acusações ilegítimas, que causem dano às suas reputações.

Minha intenção era tentar saber, sem malícia, que tipo de ambição, sonho, vontade, o que fosse, a havia empurrado até ali.

Mas ao me ver, segurando o microfone com a canopla da *TV Globo* na mão, ela me driblou e saiu por uma porta lateral.

Pois sem a governadora, vamos então a um outro exemplo, que não venha carregado de pré-julgamentos e controvérsias.

· · ◆ · · ·

Entrevista boa é desafio

Vou lhe propor, um outro exercício.

Pensar em caminhos para descobrir e revelar traços da vida e personalidade de pessoas entrevistadas *multilhões* de vezes.

Que tal... entrevistar Ana Maria Braga? Prefere Beyoncé? Pedro Bial? Barack Obama? Miley Cyrus, Danilo Gentili, Iza, Neymar? Mbappé? Daniel Filho, Hillary Clinton ou RuPaul? Flávio Dino? Marcos Mion? Justin Bieber? Linn da Quebrada? Chris Hemsworth? Fernanda Montenegro? Elon Musk? Mark Zuckerberg? Dilma Rousseff? Marcelo Adnet?

Eu poderia continuar listando celebridade após celebridade, daqui ou d'alhures, e então você perguntaria, com razão: por que insistir em citar gente famosa?

Simples. Porque, repiso, falo de novo, insisto, porque são os mesmos nomes de sempre. E porque, principalmente em sociedades como a nossa, onde há poucos verdadeiramente estelares, essa gente chamada *celebridade* ouve sempre as mesmas perguntas. Sempre as mesmas. Tudo igual. E, como já expliquei, naturalmente só lhes resta dar as mesmas respostas.

Sempre.

Fique de olhos e ouvidos abertos para *aquilo que não esteja sendo dito*, nem mostrado.

Celebridade, além de dor de barriga e resfriado, também tem seu momento de, vamos falar a verdade, saco cheio, em que tem vontade de jogar tudo para o alto e falar sem rodeios nem censura.

Aproveite.

É sua chance de ouro.

Vou dar um exemplo a seguir.

・・・◆・・・

O sucesso é uma m#rda (I)

Quando entrevistei **Johnny Depp**, ele estava no auge de sua primeira onda de popularidade, a do jovem galã egresso da televisão, décadas antes da deliciosa mistura de deboche e doçura de Chaplin que deu ao personagem Jack Sparrow, do megassucesso *Piratas do Caribe*, 2003.

O estrelato começara com um seriado de televisão, sucesso também no Brasil, chamado *21 Jump Street* (*Anjos da lei*, chamava-se aqui), de 1987. Desde então, Depp vinha conquistando hordas de fãs no mundo inteiro, fosse fazendo papéis pequenos, como sua aparição no filme *Platoon* (1986), de Oliver Stone, ou já revelando talento original como protagonista, tal como fez no *Edward mãos de tesoura* (1990), dirigido por Tim Burton.

Era o começo, pode-se dizer hoje, ajudado pela distância do tempo, mas naquela época Depp já mostrava como se comportaria nos anos seguintes: irritado com o assédio da mídia, por vezes furioso com a perseguição dos paparazzi, entediado com a paparicação de fãs e moçoilas enamoradas.

E, também, já então se via obrigado a entrar pelos fundos ou garagens subterrâneas dos hotéis onde se hospedaria ou onde quer que paparazzi e fãs descobrissem que ele daria entrevista, forçando-o a usar chapéus, perucas e disfarces.

Vez por outra ele demonstrava sua aporrinhação, quebrando móveis de quartos de hotéis cinco estrelas, ou jogando cadeiras e mesinhas pelas janelas, segundo fofocavam as colunas de celebridades.

A entrevista para *O Globo* correu normal. Não sei como chegou. Apenas apareceu, rodeado de assessores, na suíte onde eu estava. Não tive nenhuma mais arguta de pergunta com originalidade.

Porém fiquei atento ao clima em volta, como sugiro que você faça sempre que se vir numa entrevista aparentemente sem graça.

Conforme fomos nos aproximando do final dos 30 minutos combinados, o clima de tédio dele era tal, rodeado por aquele monte de baba-ovos e aduladores, que me ocorreu perguntar o óbvio.

Com tantos convites milionários e ofertas de filmes e séries, especialmente a insistência de que voltasse a fazer televisão, se Depp continuaria usufruindo do status e faturamento de *hearthrob* ou se cogitava ir por caminhos diferentes, dali em diante.

De qualquer forma, eu e todos sabíamos, sua estrada para o estrelato estava pavimentada. Depp, que sonhara com uma carreira de roqueiro alternativo, meio punk, disparava na direção oposta ao que pretendera.

Foi aí que veio a reação inesperada de Johnny Christopher Depp II.

Entre revoltado e perplexo diante do carnaval à sua volta, mesmo tendo sonhado com fama e fortuna crescendo numa cidadezinha da Flórida, seguramente sem imaginar que lhe custaria perder a privacidade e tornar-se mais um produto de consumo popular, me respondeu:

— Não quero ser como um iogurte — falou, claramente aliviado por poder desabafar. — Não me tornarei mais um produto à venda na prateleira de qualquer supermercado.

Foi exatamente o que fez, no restante de sua carreira.

E sua resposta me deu a manchete que o Segundo Caderno de *O Globo* deu na capa.

・・◆・・・

O sucesso é uma m#rda (II)

Demi Moore estava, igualmente, no topo do píncaro do clímax do ápice da redundância do sucesso em Hollywood quando a entrevistei.

Vinha de uma fieira de sucessos, o maior dos quais tinha sido *Ghost – Do outro lado da vida* (1990), e conseguira o que nenhuma atriz tinha obtido até então: um cachê de 20 milhões de dólares para um filme em que interpretava uma stripper. Para o qual, aliás, tinha colocado uma volumosa prótese de silicone nos seios. Era casada com um astro do cinema de ação, Bruce Willis, com quem tivera três filhas. Estrelara filmes ao lado de Tom Cruise, Michael Caine, Robert Redford, Michael Douglas, Jack Nicholson e todos os medalhões de Hollywood daqueles tempos.

O mundo estava a seus pés.

Os cinemas lotavam com seus filmes.

Os produtores faziam fila para lhe oferecer caminhões de dinheiro.

E Demi Moore – que vinha de origens muito pobres – ia aceitando, faturando, trabalhando, faturando e filmando, faturando e dando entrevistas, filmando e faturando, e viajando, e ensaiando e tocando em frente, e tudo o mais esperado na carreira de uma estrela. Dia após dia, após dia, após dia.

Só que no caminho tinha uma pedra.

Aliás, três.

Chamavam-se Rumer, Scout e Tallulah.

As meninas que ela teve de sua união com Willis.

Filhas amadas de Demetria Guynes (Moore era o sobrenome do primeiro marido, Demi apelido desde pequena), nascida no Novo México, abandonada pelo pai antes de nascer. Uma garota vesga e com problemas de saúde, que passara infância e adolescência em acampamento de trailers pelos diversos estados por onde circulara seu padrasto alcoólatra, desprezada pela mãe sem grana e tosca, que nunca quis tê-la e preferia ficar bebendo e namorando em bares das redondezas a cuidar da pequena Demetria.

Eu sabia de tudo isso? Sabia. Tinha feito meu dever de casa.

Mas o tema da minha entrevista era o filme que então estava lançando, *A letra escarlate (The Scarlet Letter)*, de 1995, baseado no romance clássico de Nathaniel Hawthorne. O que eu jamais poderia esperar era que meu dever de casa me ajudasse a entender o que se passou em seguida.

O diálogo foi mais ou menos assim:

Eu — Bom dia! Sou Edney Silvestre, correspondente do jornal brasileiro *O Globo*. Como vai, tudo bem?

Demi — Estou cansada. Exausta. Chego em casa tarde, minhas filhas estão dormindo. Acordo de madrugada para filmar, minhas filhas ainda não acordaram. Volto tarde e elas já estão dormindo. Há vários meses, quase um ano, que não vejo Rumer, Scout e Tallulah acordadas, nem converso com elas, não suporto isso. Vou parar.

Eu — Como assim, vai parar?

Demi — Farei apenas mais o próximo filme, porque já assinei contrato. Depois paro. Vou viver a vida de mãe, ao lado das minhas meninas. Estou cansada.

Eu não acreditei, mas mandei a entrevista mesmo assim. A manchete criada por Milton Abirached dizia: "Estou cansada, vou parar", ou algo assim.

Ninguém acreditou.

Mas Demi Moore parou.

E eu tinha dado o furo, sem nem acreditar.

Só tinha conseguido porque ela tinha chegado ao ponto que não queria mais saber daquela vida "glamorosa" (assim mesmo, entre aspas).

··· ◆ ···

Voltando ao voo noturno sobre o oceano Atlântico

Livros, anotações, frases sublinhadas, post-its e dois rubicundos senhores roncando de cada lado da minha poltrona, na classe econômica, e uma grande dúvida: como eu me atrevia a entrevistar um dos maiores do mundo?

Uma dúvida, não.

Inúmeras.

Todas as dúvidas e inseguranças do neto de analfabetos, filho de operária de fábrica e dono de armazém, aluno de escolas públicas no interior do Brasil, rapaz sem recursos financeiros para curso universitário cresceram dentro de mim, afloraram e iam me afogando quando o garoto saído aos 16 anos de Valença, cheio de esperança e audácia, à maneira do personagem cantado pelo cearense **Belchior**[9] reapareceu e mandou: para com isso.

Parar com o quê? Com a insegurança? Com as dúvidas? Por quê?

"Porque" – o rapaz latino-americano do Belchior respondeu para o repórter nascido de parteira, nos fundos de uma cooperativa de leite, num lugarejo de três ruas, num município de Valença, chamado Rio Bonito (hoje Pentagna) – "o que você não sabe é, justamente, aquilo que tornará esta entrevista interessante para quem a assistir.

---

9. "Eu sou apenas um rapaz latino-americano, sem dinheiro no banco, sem parentes importantes, e vindo do interior". BELCHIOR. Apenas um rapaz latino americano. *Alucinação*. Rio de Janeiro: Polygram,1976. Disco Vinil (4,17 min.).

A sua curiosidade e a sua ignorância, apesar do extenso dever de casa realizado, serão suas armas e sua força".

Tal como eu escrevi poucos parágrafos atrás.

Você é, nós somos, o público.

Aquele que deseja saber mais. Que tem curiosidade. Que quer ouvir a experiência e as opiniões da pessoa notável que você, entrevistador, está tendo o privilégio – isso mesmo, repito e repetirei, quantas vezes puder, o privilégio – de ser recebido no refúgio do neto de criadores de porcos analfabetos, filho de faxineira e guarda-civil, o sujeito que revolucionou a escrita em língua portuguesa e deslumbrou o mundo com *O evangelho segundo Jesus Cristo*, *Memorial do Convento*, *Pequenas memórias*, *A jangada de pedra*, *Ensaio sobre a cegueira*, *As intermitências da morte* e tantas outras obras.

"Você está pronto", me disse a voz.

Podia, então, dar um cochilo, antes de o avião pousar.

Se os roncos dos vizinhos permitissem.

Boias salvadoras

Em caso de turbulência, máscaras cairão automaticamente

Nas imagens da entrevista com José Saramago em Lanzarote, tanto nas duas apresentadas no **Jornal da Globo** quanto nas outras duas exibidas pelo **GloboNews Literatura**, todas disponíveis no *Globoplay*, você notará que, em vários momentos, tenho um bloco de anotações de páginas amarelas no colo ou no braço da poltrona.

Aquele bloco tinha páginas e mais páginas de datas, frases, títulos, nomes, lugares e o que mais consegui reunir sobre ele.

Estava lá como minha boia de salvação. Em caso de afogamento, aflição, distração, esquecimento, branco ou o que mais pudesse vir a trair minha memória, como alguma resposta capaz de me tirar do prumo, por inusitada ou especialmente, emocionante. Como quando Saramago falou da maneira como encarava a possibilidade de vir a morrer em breve.

Os tais *"brancos"* que mencionei antes.

Tenho vários blocos como aquele.

··· ◆ ···

Um que usei na entrevista sobre os 90 anos da **Fernanda Montenegro**; o que levei para a Turquia, a me guiar na conversa com outro Nobel de Literatura, **Orhan Pamuk**; outro, auxiliar precioso para acompanhar o turbilhão de ideias e palavras de **Camille Paglia**; usei blocos de notas como aquele com **Drauzio Varella**, com **Adélia Prado**, com **Ariano Suassuna**, com **Paulo Freire** e **Paulo Francis**, com a diretora do Museu Salvador Dali em Cadaqués e com a Secretária de Educação na Finlândia, com um médico que teria afirmado que o amor pode levar um tabagista inveterado a abandonar o cigarro (era informação fake) e tantas outras vezes que carrego caixas e mais caixas de blocos anotados a cada vez que me vejo obrigado a mudar de apartamento. Um dia vou me desfazer deles.

Mas não ainda.

··· ◆ ···

"Em caso de turbulência, máscaras cairão automaticamente. Ponha-as sobre o nariz e respire normalmente": não são assim os avisos de comissários de bordo a cada voo?

Em entrevista, é igual.

Pegue seu bloco de notas e respire, ou tente respirar, normalmente, quando bater aquele pânico. Ou receio. Ou emoção indevida.

Deixe sempre em destaque alguns tópicos que podem alimentar a entrevista. Dou alguns exemplos mais adiante.

Blocos e cadernos, no entanto, são apenas um dos muitos recursos a que você pode apelar.

Acrescente aí: fichas.

Não se avexe de recorrer a fichas

Fichas??!!, você perguntará.

Isso mesmo, fichas.

Daquelas encontráveis em qualquer papelaria de bairro.

De papel ou cartolina.

Daquelas que você talvez tenha usado na escola básica. Ou no curso pré-vestibular.

Fichas de papel, sim senhor; fichas de cartolina, sim, senhora.

Claro que você pode anotar tudo o que quiser e necessitar no seu smartphone, num iPad, ou na plataforma eletrônica que preferir ou estiver acostumado a usar.

Já fui traído por um desses objetos eletrônicos quando mais precisava do que eles continham sobre o Iraque. Apesar de todo o alardeado avanço de sua tecnologia, permaneço desconfiado.

A mim o que parece mais prático em fichas de papel é a manipulação: leu, colocou ao lado ou por baixo das outras. Será ágil e fácil voltar a alguma delas, se necessitar.

Na opção fichas, sugiro aproveitar e adquirir canetas e/ou lápis de cores diferentes. Servirão para destacar aspectos diferentes do futuro entrevistado em tons ou cores que remetam a ideias e atalhos.

Pense na entrevista como o trabalho de um detetive, investigando a trajetória de alguém.

Então anote.

Comece pelo começo.

O nome real, completo, como registrado na certidão de nascimento, e o artístico, se houver, de quem você entrevista.

Tem importância.

Mais do que seria de se imaginar.

> **A história por trás de um nome famoso**
>
> O nome de **Fernanda Montenegro** registrado em cartório é Arlete Pinheiro Monteiro. Mais o Torres, de seu casamento com o diretor-ator-produtor Fernando Torres, pai de seus 2 filhos: a atriz e escritora Fernanda, a caçula, e o primogênito, diretor de cinema e seriados Claudio.
>
> Como a jovem suburbana Arlete tornou-se a sofisticada Montenegro – que só não ganhou o Oscar porque foi vergonhosamente roubada pela máquina de Hollywood comandada pelo hoje encarcerado Harvey Weinstein- é uma história interessantíssima e inesperada, que você pode ver na entrevista que eu fiz com ela, quando lançou sua autobiografia em imagens e textos[10].

---

10. MONTENEGRO, Fernanda. *Fernanda Montenegro:* itinerário Fotográfico. São Paulo: Edições Sesc, 2018.

> Essa entrevista está nos arquivos do *Globoplay*, programa **Milênio**, da *GloboNews*; e na edição especial recém-publicada do meu livro *Contestadores – 20 anos* – Editora Almedina, 2023).

· · · ◆ · · ·

Fichas: continuando

Depois do nome e eventual codinome: quem foram os pais?

E avós?

Qual a origem dos antepassados?

Europa? África? Asia? Oriente-Médio? Nenhum dos anteriores?

Interior do Brasil?

Quando chegaram aqui?

Como chegaram?

Eles falavam disso? Contavam sobre o que passaram por cá nos primeiros anos?

Mantiveram contato com a família que deixaram para trás?

Como essa origem contribuiu para a formação da pessoa entrevistada?

Ou a pessoa é nascida ali, de família da área, desde sempre?

Pode crer: a origem molda a vida de cada um de nós.

> **A órfã de um subúrbio Bay City**
>
> Sem dever de casa não há como fazer uma boa matéria em profundidade.
>
> Menos ainda entrevista.
>
> Muito do que seu entrevistado é, começa, claro, nas origens.
>
> **Madonna** (sim, ela de novo) disse inúmeras vezes que, se não tivesse perdido a mãe na infância, provavelmente nunca teria lhe ocorrido viver além nos limites de seu bairro, em Bay City, estado de Michigan.
>
> Se **Dona Lindu** (Eurídice Ferreira de Melo) não tivesse embarcado para São Paulo num pau de arara com os filhos, deixando tudo para trás em Pernambuco, onde estaria hoje um deles, chamado **Luiz Inácio Lula da Silva**?

Fichas: comece a anotar

Registre pontos básicos da trajetória da pessoa: escola, mudanças, viagens, esportes, saúde – ou falta de – bicho de estimação.

⋯ ◆ ⋯

Primeiro amor, primeira rejeição, marcam profundamente. Ou não. O que também já é, por si, um traço de personalidade a ficar atento.

⋯ ◆ ⋯

Primeira manifestação de vocação – para medicina, arte, educação, política, o que for. Ou se, pelo contrário, as primeiras manifestações foram de descrença no próprio talento ou vocação? Ou a descrença partia de um pai, uma mãe?

⋯ ◆ ⋯

Primeiro fracasso (muito mais importante do que o primeiro sucesso), vide as dezenas de rejeições e consequentes problemas, financeiros inclusive, sofridos por J.K. Rowling, a hoje multimilionária autora dos mega *best-sellers* de Harry Potter e como essas primeiras derrotas serviram de lição e a incentivaram.

⋯ ◆ ⋯

De onde tirar gana e força para enfrentar adversidades e continuar em frente? E continuar vencendo? (Pense no futebolista brasileiro Vinicius Jr., vítima frequente de racismo na Europa. Ou nas humilhações homofóbicas atravessadas um sem-número de vezes pela travesti Pablo).

··◆··

Se for do campo da música: o que ouvia quando criança, ou adolescente? Que tipo de música os pais gostavam de ouvir? O que ouve, hoje em dia? Há alguém que o/a inspire? Quem na música brasileira ele/ela considera um blefe?

··◆··

Se for das artes cênicas: qual a primeira peça que viu? Onde viu? Quem eram os atores? Qual o primeiro filme assistido? Na televisão ou num cinema?

··◆··

Se for jornalista: já cobriu polícia? Qual o primeiro cadáver que viu? O que reportou? Qual crime mais o chocou? Houve alguma redenção de criminoso capaz de lhe refazer a fé na bondade humana? Por quê?

··◆··

Se for da política: a crença popular de que todo político é corrupto, em maior ou menor grau, e que serve os interesses dos poderosos, é verdadeira ou falsa? Por quê? Por favor, explique.

··◆··

Se for do esporte: com que espírito entra em campo ou em quadra? Tem medo do fracasso, de decepcionar, de ser derrotado? Ou tem sempre absoluta confiança de que vai vencer? O que é mais importante para um atleta: a dúvida ou a certeza?

··•◆•··

Smartphone ou bloco de notas?

Uma vantagem inegável de utilizar smartphone ou qualquer outro aparelho eletrônico, é a de poder acrescentar imagens e sons.

Digamos, por exemplo, que você esteja entrevistando a atriz Jamie Lee Curtis, a ganhadora do Oscar 2023 de atriz coadjuvante por *Tudo em todo lugar ao mesmo tempo*, e queira saber o que ela sente, hoje, honrada com o prêmio cinematográfico mais badalado do planeta, quando pensa que já teve de fazer comercial de papel higiênico para sobreviver na profissão.

Aí você pode mostrar a ela as imagens do comercial daqueles duros tempos de início de carreira.

Ainda assim eu, pessoalmente, continuo preferindo as aparentemente ingênuas e anacrônicas fichas de papel.

Mas aparelhos eletrônicos, ao contrário de notas em papel, podem te trair.

Mais à frente eu conto.

Para qualquer que seja a atividade da pessoa entrevistada, eu reservo sempre uma pergunta que, a mim, parece revelar muito sobre ela, suas metas e exemplo de percurso: tem alguém que admire?

O mundo não é feito só de celebridades

Este planeta é habitado, segundo a ONU em notícia de novembro de 2022, por 8 bilhões de terráqueos.

Desses, 203 milhões vivem no Brasil.

Em Portugal, sem contar imigrantes recentes, são 10 milhões e 300 mil pessoas.

Em nenhuma parte da Terra, os Cristianos Ronaldos, as Ludmilas, as Taylors Swifts ou os Brads Pitts são a maioria.

Obviamente.

Obviamente, em todos os países e continentes, a maioria absoluta da população é formada pelas tais *pessoas comuns*.

E daí?

Daí que depois de enxurradas e deslizamentos, desfiles de carnaval e eleições gerais, Festa da Uva ou campeonato de vôlei de areia, acidente de ônibus ou inauguração de casas populares, queda de barreiras ou procissão de santo padroeiro, não será com **Lázaro Ramos** ou **Patrícia Poeta** que você vai conversar para sua reportagem.

Não será com gente acostumada a dar e fazer entrevistas.

Não será *mamão com açúcar*, como se dizia no século XX.

Serão pessoas encabuladas, talvez nervosas diante de uma câmera, que não conseguirão passar para palavras aquilo que as aflige ou alegra o espírito. Algumas *congelarão* e não conseguirão falar nada. Ou serão incapazes de juntar verbo, sujeito e predicado. Atropelarão suas próprias ideias. Enrubescerão. Suarão. Olharão para baixo, para os lados, para qualquer lugar que não seja especificamente para onde deveriam: você.

E aquela frase, ou frases, capazes de dar à reportagem a dimensão humana da exaltação/alegria, da amplitude da tragédia mostrada nas imagens, estará perdida para sempre.

Há saída?

Não há?

Ou você deve simplesmente desistir?

Eu respondo: desistir nunca.

Vergonha alheia

Conheci repórter que instruía a pessoa entrevistada sobre o que e como responde às perguntas que lhe eram feitas. Para que se encaixassem no ponto de vista que ele queria demonstrar.

> Pasme, mas existem repórteres assim.
>
> E não são poucos.
>
> Que vergonha, que desonesto, não é mesmo?

··◆··

O que você não sabe pode ser sua vantagem?

Pode.

E como pode.

Imagine: está à sua frente alguém que nunca deu uma entrevista, sobre a qual você não leu nada, a respeito de quem você nada sabe.

Respire fundo, levante as mãos para o céu e agradeça sua sorte.

Agora é que você pode mostrar seu valor.

··◆··

Parta do princípio de que toda pessoa tem alguma coisa interessante para contar.

E tem mesmo.

Porque cada vida é única.

Cada pessoa passou por experiências, onde quer que tenha nascido, como nenhuma outra terá passado.

Cada pessoa tem uma história.

Cada pessoa pode iluminar aspectos dos acontecimentos à volta dela, em sua comunidade, cidade ou nosso país, como nenhuma outra terá experimentado.

E ninguém, em nenhum lugar do mundo, sob nenhuma circunstância, é *"uma pessoa comum"*.

Somos únicos, como o DNA que nos compõe.

Ninguém amou como amamos, ninguém nasceu como nascemos, ninguém viverá vidas como as nossas, nenhum de nós morrerá como morrerá outra criatura humana.

Portanto, chegamos àquelas qualidades, ou defeitos, de que falamos lá atrás. Aqueles dois aspectos, aquelas duas qualidades que formam o bom jornalista.

Curiosidade.

Interesse humano.

⋯ ⋆ ◆ ⋆ ⋯

**Corte as páginas
a seguir**

E leve com você, sempre.
Ou fotografe.
Ou faça cópia.
Ou memorize.
Em caso de pânico, abra e leia.
Porque aqui você tem a solução
para aquele desafio.
O desafio que derruba meio mundo.

Dos muitos desafios que você terá de encarar na atividade de repórter, poucos são tão desconcertantes, imprevisíveis, até mesmo traiçoeiros, quanto o de *entrar ao vivo*.

Aquele momento em que a apresentadora ou o âncora do telejornal chama e você, sem nenhum recurso de teleprompter, bloco, caderno, ponto, ou qualquer outro apoio se não seu sangue frio, tem de contar a milhões de espectadores o que está acontecendo a seu lado, ou atrás, ou algo que acabou de acontecer.

Incêndio, rebelião em penitenciária, votação no Congresso Nacional, aceno de superstar da varanda do hotel, escolha de candidato à presidência, desfile de bloco &

de escola de samba... a vida em movimento, enfim, qualquer coisa mostrada ao vivo e em cores no telão 4K do megatelevisor ou na telinha do modesto celular.

Chegou a hora, vai!

Como paraquedista saltando.

Ou, como diz a sempre precisa colega **Bette Lucchese**: "Segura na mão de Deus e vai!".

··•◆•··

Sim, tem de pular.

Com fé e com confiança.

Mas não é só impulso, coragem, destemor.

Fazer *ao vivo*, como diz o jargão (ou "fazer um link ao vivo", como a isto se referem muitos), tem truques.

Melhor dizendo: tem técnicas.

E para falar delas, procurei uma jornalista unanimemente considerada top do top na televisão brasileira.

A sempre perfeita repórter e apresentadora **Zileide Silva**.

Eis o que ela revelou.

··•◆•··

Fazer transmissão ao vivo, Segundo Zileide Silva

"Gente, como fazer um link ao vivo? Existe uma receita? Não! Mas o Edney pediu para eu rascunhar algumas dicas.

Então vamos lá.

Primeira dica: não relaxe

Não ache nunca que está tudo dominado. Não está. Tudo pode acontecer, antes ou durante o link. Alguém pode passar gritando, podem te empurrar, pode chover bem na hora e você pode, simplesmente, esquecer o que ia falar.

Por isso, preste atenção à próxima dica.

Segunda dica: estude o tema do ao vivo

Tente, pelo menos, entender o assunto. Depois, se der tempo, repita muitas vezes o que você pretende falar. É bom, também, ter um suporte. Bote algumas frases, alguns tópicos, sobre o tema do link no celular ou num papel. Se você esquecer alguma coisa, dê uma olhadinha. Se der tempo, fale sozinho, ensaie o ao vivo. Repórter parece mesmo um pouco maluco.

Terceira dica: comece bem o link

Começar bem o link é muito importante. Tenha, de forma clara na mente, o início do ao vivo. Ainda que venha uma pergunta inesperada, você saberá como seguir.

Quarta dica: prepare-se para dar tudo errado

Porque aí só tem uma saída: improvisar. Por isso é tão importante entender o tema. Porque, improvisando, você vai conseguir transmitir as informações, ou, pelo menos, uma parte delas.

Quinta dica: combine uma ajuda com o editor

Se você estiver inseguro, pode sempre deixar armada uma combinação com o editor. Deu algum problema, você esqueceu o que falar, combine com ele, o editor, para botar imagens no ar, deixando você livre para ler as anotações, tirando você do foco.

Sexta dica: esqueça que tem um público te olhando

Não pense nos milhões de telespectadores. Fale para o repórter cinematográfico, converse com ele. Se você pensar que um país está te assistindo, num caso de uma entrada ao vivo nacional, você vai surtar, por mais experiente que você seja.

Segredos de um repórter

E, por último

Seja, sempre, natural.
Ou pelo menos, tente."

Para não quebrar a cara

As dicas da Zileide Silva são preciosas. Como aconselhei, corte ou rasgue aquelas páginas e leve com você. Ou copie, fotografe, faça o que for necessário, mas tenha-as sempre por perto, no caso de surgir um ao vivo, de uma hora para outra.

O que acrescento abaixo é valioso de outra forma. Porém, voltado para um outro capítulo do jornalismo: entrevistas.

O que lhe ofereço não é uma listagem de posturas obrigatórias para sua entrevista ficar melhor ou mais bonita.

Nada disso.

Quebrei muito a cara para saber que não sou dono da verdade.

Mas, igualmente, para saber tantas coisas que funcionam sempre, e tantas com potencial para dar errado.

Disso falo aqui.

Minha intenção é transmitir essas experiências. Como, por sinal, venho dizendo desde o começo deste livro.

O que entrego é uma mistura de conselhos e relatos.

Me pareceu que valia a pena, com a experiência acumulada de meus tropeços e acertos, contar os caminhos e atalhos tomados nestes anos todos cá pelo Brasil, pelo deserto do Iraque, tapetes vermelhos de Hollywood, escadarias de favelas & de onde mais eu pude tirar valiosas lições.

··•◆•··

Afaste as câmeras e a equipe

Quem jamais deu entrevista para televisão, por menores que sejam as câmeras atuais, sente-se intimidado por elas, ou perde a espontaneidade de ações, gestos e palavras, quando tem uma lente quase colada a seu rosto, mais o microfone espetado em sua roupa ou vê sacudindo por um técnico de som, acima de suas cabeças, um daqueles microfones maiores, chamados de *boom* ou *direcionais*.

Afaste-os.

Afaste todo mundo.

Fiquem próximos apenas você e a pessoa entrevistada.

Essa distância fará toda a diferença.

Principalmente se você deseja estabelecer algum grau de – embora pareça uma contradição – proximidade com ela.

··•◆•··

Se você já for um rosto conhecido, ou relativamente familiar, na televisão ou em rede social, o mais provável é que sua mera presença já constitua um fator inibidor ou até mesmo constrangedor para a pessoa.

Atravesse com cuidado essa resistência.

Respeite a privacidade ou a timidez da pessoa.

Ela poderá, em alguns casos, demonstrar até uma certa agressividade contra você. Quando não hostilidade, mesmo.

··· ◆ ···

Lembre-se que a pessoa à sua frente está lhe fazendo um favor e a seus seguidores, ou telespectadores, ao abrir sua vida e experiências.

··· ◆ ···

Converse com ela enquanto seus colegas armam as luzes e câmeras.

Fale sobre o que o seu *Dever de Casa* já lhe ensinou, verifique se são corretas as informações que você ou sua produção coletou, tente perceber até que limite as perguntas de caráter pessoal serão bem-vindas ou, em alguns casos, mais um fator de estranhamento entre vocês.

Combine com seus colegas de darem um sinal, discreto, de estarem prontos para gravar. Quando possível, sem gritos, palmas e avisos.

··· ◆ ···

Evite câmeras circulando em volta de vocês.

Isso distrai e pode tirar a concentração, tanto sua quanto de seu/sua entrevistado(a).

··◆···

Ouça.

Ouça muito.

Ouça atentamente.

Deixe que a pessoa entrevistada fale na velocidade que lhe é necessária para desenvolver seu raciocínio.

Mesmo que ela se cale, vez por outra, não jogue imediatamente uma nova pergunta.

Aguarde.

Ela pode estar desenvolvendo novas ligações com o que acabou de falar. E poderá acrescentar informações importantes – se você não for impaciente.

Isso, também, aprendi em campo.

··◆···

Quando entrevistei a atriz e diretora norueguesa **Liv Ullmann**, na casa dela em Key West, sul da Flórida, houve um momento em que ela, ao falar da ligação com seu neto, me instigou a perguntar-lhe como se via como mãe.

Ela começou a responder, com calma.

— É difícil dizer porque minha filha[11] é tudo para mim. E ela...

---

11. A escritora e jornalista norueguesa Karin Beate "Linn" Ullmann, filha de Liv com o diretor de cinema sueco Ingmar Bergman.

Então calou-se.

E assim permaneceu, por alguns segundos, depois 1 minuto, e continuou calada. Eu aguardei. Era uma situação que nunca tinha me acontecido durante nenhuma entrevista com câmeras ligadas.

Minha primeira reação foi a de jogar uma outra pergunta, interferir de alguma forma para que ela voltasse a falar.

Mas não foi o que fiz.

Instintivamente percebi que havia um turbilhão ali, dentro dela.

E quando, finalmente, Liv Ullmann voltou a falar, abriu as comportas das lembranças com a própria mãe, os conflitos com ela e com Linn, o ciúme que a ligação da filha com Ingmar Bergman lhe despertava, aprofundando a entrevista a um nível como poucas vezes testemunhei.

Portanto, quando a pessoa entrevistada se calar, cale-se também.

E ouça.

Famosos ou anônimos, seus entrevistados sempre terão muito a dizer.

Basta saber ouvir.

· · ◆ · ·

Recapitulando, reiterando, repisando

Jamais faça entrevista em pé, se quer conversar em profundidade. Não é natural. Cansa. Ninguém fica à vontade.

・・・◆・・・

Alguns cinegrafistas insistem em ter entrevistador(a) e entrevistado(a) de pé, frente a frente. Alegam que o fundo (a fonte do Parque do Ibirapuera, o Empire State, o Corcovado, a Torre Eiffel, o que quer que seja) vai localizar e ficar lindo na imagem. Pode até ficar. Mas a intimidade entrevistador/entrevistado irá ralo abaixo. Não se coloque muito próximo da pessoa que entrevistará (isso aprendi com os americanos, que mantêm sempre pelo menos um metro entre eles e você).

Proximidade demais inibe.

・・・◆・・・

Mantenha uma distância suficiente para que você possa falar em tom baixo e ouvir o que a sua ou seu entrevistado(a) está a dizer.

・・・◆・・・

Afaste as câmeras o máximo que puder.
Sim, sei que já disse isso, mas vale lembrar sempre.
Afaste o máximo possível, realmente.
Dessa forma a pessoa entrevistada terá a sensação de que ela e você estão conversando apenas entre si, só vocês dois, sem curiosos a ouvir e a enfiar a câmera em suas caras.

Evite câmera baixa.

Este frequente *contra-plongée,* como é chamado na linguagem clássica do audiovisual, deforma a imagem e revela, em alguns casos de entrevistados/as menos jovens, o excesso de pele comum com a perda do colágeno trazido pela idade. Aquilo que críticos mais crus chamam de pelancas.

Narinas vistas de baixo, igualmente, não são a parte mais atraente de nenhum rosto humano, seja feminino, seja masculino. Sendo que, em rosto de homem, ainda há o risco, muito grande, da exibição de nossos habituais pelos no nariz.

Apelidei este ângulo de câmera, que insisto em nunca permitir, de *plano meleca.*

Pelos riscos óbvios.

O programa "Roda Viva" da *TV Cultura*, o mais antigo no gênero na televisão nacional, criou uma arena, rodeada por interrogadores, no centro da qual é colocada a pessoa entrevistada. Por ali já passaram desde mitos populares, como **Dercy Gonçalves** e **Hebe Camargo**, até revolucionários (**Luís Carlos Prestes**), ditadores (**Fidel Castro**), escritores (**Adélia Prado**, **Saramago**, **Vargas Llosa**) e políticos das mais diversas colorações. O clima é de interrogatório, às vezes gentil, outras tantas, agressivo. O formato, criado em 1986 sobrevive, com vigor e admiradores, até hoje.

··◆··

O habitual na televisão brasileira, tal como em canais do YouTube, tem sido colocar entrevistador e entrevistado em cadeiras ou poltronas, frente a frente. Eu não gosto. Se a cadeira é desconfortável, quem nelas estiver sentado vai passar todo o tempo pensando em se levantar. Em caso oposto, poltronas fofas e acolhedoras dão vontade de cochilar. E não há maneira de ninguém se sentar nelas de forma elegante (para as câmeras).

··◆··

Por essas razões, sempre que posso, coloco as pessoas entrevistadas e a mim frente a frente, em cadeiras razoavelmente acolhedoras, diante de uma mesa. Sobre ela você pode colocar livros, fichas, café, copos d'água, informações e o que mais lhe ocorrer. E os cotovelos. Nada é mais relaxante em uma entrevista do que ter onde pousar, confortavelmente, os cotovelos.

(E, caso se torne necessário, você terá onde dar um soco na mesa)

··◆··

Invente seu(s) próprio(s) método(s)

Eu anoto, em geral, com caneta de tinta preta, o que considero o básico. Data de nascimento, acontecimentos importantes, curiosidades, prêmios.

E por aí vou.

À frente ou abaixo desses tópicos, anoto em caneta de tinta azul para registrar as informações.

Acho que assim fica mais fácil de localizar o tema.

Quando o acontecimento me parece ter tido repercussão na trajetória de quem entrevistaria, posso ou não, anotar em cor vermelha.

O suicídio da irmã da controvertida **Nan Goldin**, aclamada fotógrafa com obras nos mais exclusivos museus americanos, europeus e asiáticos, foi um desses casos de palavras escritas em vermelho. Goldin era a caçula. As irmãs, unidíssimas.

Toquei no assunto delicado, perguntando-lhe até que ponto o súbito desaparecimento da irmã lhe abrira os olhos para a transitoriedade da vida. E a necessidade de deixar momentos efêmeros registrados para sempre.

Goldin se surpreendeu.

Tive a impressão de que era um alívio para ela, poder tocar no tema.

"Eu queria me agarrar às coisas e nunca mais perder nada", ela confirmou. E acrescentou: "Quando vi isso acontecer em relação ao suicídio de minha irmã, percebi que só sobreviveria criando meu próprio registro da minha vida".[12]

⋯◆⋯

O ativismo político da mãe do poeta beat **Allen Ginsberg** foi outra anotação em vermelho. Ajudou-me, e a ele, a lembrar da origem de seu interesse por problemas sociais. O poema "Kadish", que dedicou a ela, como um epitáfio, é dilacerantemente belo.

⋯◆⋯

O nome de **Peter Orlovsky**, seu companheiro por várias décadas, ficou em azul, mesmo. Sem urgência. Como os sentimentos pacíficos que os uniram por tanto tempo.

Já o nome da grande paixão de Ginsberg, entretanto, cujo relacionamento virou sua cabeça, grafei em vermelho: **Jack Kerouak**.

Sim, o autor de *On the road*.

Ginsberg acabou por me revelar que tinham tido, sim, uma noite de intensas relações sexuais (Kerouak era

---

[12]. Essa entrevista, completa, está na nova edição de *Contestadores* – Edição comemorativa de 20 anos. São Paulo: Almedina, 2023.

casado com mulher), mas que a aventura erótica entre eles nunca mais se repetiu.

··· ◆ ···

Fichas e cadernos, ou post-its, ou seja lá o tipo de lembrete que você adote, são ótimos em situações *normais*, como quando sua entrevista acontece em um estúdio, ou consultório, num jardim, praça, terraço, até mesmo se estão os dois (ou quantos entrevistados forem) rodeados por calma e razoável silêncio.

··· ◆ ···

Veja bem, o que estou sugerindo aqui, entre um exemplo e outro, é um *basicão* de roteiro de entrevista, um rascunho para você ir organizando na sua cabeça os possíveis caminhos e surpresas que sua missão jornalística podem trazer.

E, creia, serão muitos.

Algumas desagradáveis (vide Janet Jackson), porém outras... ah, outras são bênçãos do Anjo da Guarda do Repórter.

Não, sim, talvez, jamais

Como eu nunca tinha feito reportagem de rua diante de câmeras, acreditei que o melhor era observar os mais experientes e copiar seus bons resultados.

Reparei que os repórteres americanos sempre passavam pó no rosto, antes de gravar externas. Concluí, não sem lógica, que o correto seria fazer tal como faziam meus colegas ianques.

Fui esperto, né mesmo?

Não tinha podido ter os meses de treino no Brasil, mas era bom observador.

Comprei um pó como o deles, num estojo com esponja, e passei na cara para gravar.

Um desastre.

Apareci com cara de múmia recém-saída do esquife, em reportagem feita na Park Avenue.

Para corrigir, fui à Bloomingdale's, uma loja de departamento, que era perto da redação da *Globo International*, e lá adquiri um produto que, supostamente, daria à minha cara o saudável ar de quem se bronzeou ao sol mediterrâneo. Eu tinha visto **Paulo Francis** usá-lo em gravações dentro da redação e no pequeno estúdio, acreditei estar ali minha solução.

Outro desastre.

Minha cara parecia ter sobrevivido mal, realmente mal, a um grande incêndio.

···◆···

Fiz algumas outras tentativas, sempre errando na cor, no tom, na quantidade de pó aplicada. Até que, numa saída com o muito experiente Orlando...

> **Cada um por si e Deus por todos**
>
> (Vale dizer que não havia um departamento de maquiagem na *Globo International*. Nas redações brasileiras existem, mas é incomum ver repórteres homens recorrerem a eles. Exceto para gravações em estúdio, onde a luz – artificial – requer os artifícios e talento de bons profissionais da maquiagem. Porém, lá em Nova York cada um(a) se virava como podia. Foi o que tentei. Desastrosamente.
>
> Eu tampouco me toquei que as gravações de Francis eram internas. E ignorava que seu ar saudável era resultado daquele pó, sim. No entanto, aplicado não por ele, que tinha grau altíssimo de miopia, mas pincelado – era um pincel, como o dos barbeiros de antigamente – com parcimônia pelo cinegrafista Paulo Zero, com quem ele sempre gravava).

Moreira, ele me ensinou mais uma lição, tão útil quanto a da existência do Anjo da Guarda do Repórter.

Conto já.

Antes, porém, deixe que eu sublinhe: para quem tem **pele preta ou morena**, a situação da imagem nas câmeras ficava ainda mais complicada. E não apenas porque ainda eram poucos os produtos de maquiagem adequados, então encontrados no Brasil.

Era um (mau) conjunto de fatores.

Os equipamentos exigiam adequação não apenas nos pós e bases.

No total, uma trama complexa, que atingia até o figurino.

Esse conjunto de fatores negativos mudou.

Em parte.

Ainda há, digamos, metaforicamente, quebra-molas na estrada dos jornalistas negros de vídeo.

Uma repórter ou uma apresentadora negra não podia usar vestido, casaco ou blusa das cores branca, amarela, rosa, ou qualquer tom mais claro. Sob risco de seu rosto se transformar em apenas uma embaçada imagem escura.

Para um apresentador ou repórter negro, a proibição de cores claras era a mesma.

E, quando eram eles ou elas diante das câmeras, os cinegrafistas eram obrigados a jogar muito mais luz do que faziam com jornalistas de pele clara. O ajuste entre o primeiro plano (repórter) e o fundo estourava.

··∙✦∙··

No interior dos estúdios, onde havia mais recursos do que em gravações externas, o problema se repetia.

Mesmo em anos recentes, me lembro da Glória Maria, sentada a meu lado na redação do Globo Repórter, se queixar do tempo longo tomado para o ajuste de sua imagem e que, palavras dela, "não estão preparados para fotografar uma preta".

A origem do problema não estava na competência dos cinegrafistas, mas vinha do mesmo caldeirão, intrinsecamente racista, que qualificava de *cor da pele* o esparadrapo de tom rosado.

··· ◆ ···

Equipamento & etnia

As televisões brasileiras e empresas nacionais que lidam com imagens, utilizam geralmente equipamento de origem asiática, quase sempre de fabricação japonesa ou coreana.

Povos morenos, não é mesmo?

Ainda assim...

Por razões técnicas cujo absurdo jamais atinei, as empresas asiáticas por décadas fabricaram equipamentos de gravação inadequados para peles morenas e pretas. De meados da década de 2010 em diante, estes mesmos fabricantes passaram a oferecer câmeras e iluminação com capacidade de ajuste fino.

O que suavizou o problema.

Mas ainda não o solucionou totalmente.

Basta observar como nossos repórteres e apresentadores pretos, em dias diferentes, aparecem na telinha com diferentes tons de pele.

Não que para repórteres de peles mais claras a dificuldade não exista. Mas as soluções são mais simples.

··· ◆ ···

Voltando à pele masculina & as atribulações no uso ou não de maquiagem, vou tentar repetir o sábio raciocínio de Orlando Moreira, que trabalhara e auxiliara outros correspondentes anteriores a mim a se apresentarem com bom aspecto. Como fizera com **Lucas Mendes**, **Hélio Costa**, **Carlos Dornelles**, **Paulo Henrique Amorim**, **Hermano Henning** e outros mais.

··· ◆ ···

Na vida fora das telinhas, telonas, câmeras e palcos, explicou-me Orlando, estamos habituados a ver mulheres destacarem seus olhos, lábios, maçãs do rosto. Enfim, a desenharem um outro rosto sobre o rosto já existente, destacando seus pontos positivos e desviando a atenção daquelas partes não absolutamente perfeitas, conforme é esperado delas pela sociedade, por outras mulheres, por elas mesmas e, especial e cruelmente, pelo olho da câmera. Porque nem toda mulher tem a bênção genética de nascer com o rosto de Gisele Bündchen. Que, por sinal, sabe se maquiar muito bem, como **Betty Lago** me disse, mais tarde.

O rosto *natural* de uma mulher de qualquer etnia, em qualquer tela que apareça, não é o rosto com que ela acorda.

Mas, sim, o rosto cujos traços reforça.

O rosto que ela apresenta ao mundo.

Desta linha em diante, vou me dirigir à rapaziada.

Uzôme.

Para as entrevistadoras e as repórteres, portanto, o trecho seguinte deste capítulo é inútil, cheio de obviedades.

Pode pular para o próximo, se preferir.

Aos rapazes: continuem lendo.

···◆···

Homem se pinta?

Se gostar, por que não?

Brilho nos lábios, rímel nos cílios, base, blush, pó, cada um vive como quer.

Menos o repórter.

Se o repórter não está em sua vida particular, se está fazendo matéria, o destaque deve ser o assunto de sua reportagem, não seu próprio aspecto sofisticado, belo, peculiar ou que adjetivo merecer seu rosto.

Se estiver entrevistando alguém, idem.

A estrela deve ser a pessoa entrevistada, não o entrevistador. Ou entrevistadora, aliás.

Mas, aqui, estamos falando do rosto *natural* de um homem.

Aquele com que o homem acorda e sai da cama, ponto final.

O *rosto natural* do repórter.

Sem batom, sem delineador, sem base, sem pó, sem rímel, nada. Limpo. Lembrando que nem todo homem nasce com a cara do William Bonner ou do Brad Pitt (Nem mesmo o pai dele, que conheci quando o entrevistei; muito simpático – mas nada parecido com o filho. A mãe, tampouco). E, repisando: falo do rosto natural do jornalista fazendo reportagem de rua. Não no estúdio, como já escrevi antes, onde ele deve apenas relaxar e se entregar nas mãos dos profissionais de maquiagem.

··· ◆ ···

No entanto, contudo, todavia, para o tal *rosto natural* há mais ensinamentos do Mestre Orlando.

Há recursos que ajudam o rosto masculino.

··· ◆ ···

Seu maquiador é grátis no Brasil

Mestre Orlando colocava no topo deles um simples, fácil e de graça, especialmente em países como o Brasil.

Tomar sol.

O suficiente para o repórter ficar, ou parecer, saudável. Seja ele moreno, branco ou preto. Com moderação, evidentemente. Eu, por exemplo, nunca fico realmente bronzeado. Tenho um tom de pele que puxa para o vermelho-camarão. Se não tomar cuidado, meu tom vai para o arroxeado, apesar de minha origem multiétnica (eu preferirira usar a palavra *mestiça*, mas fui aconselhado a evitá-la, pois há quem se ofenda com ela).

Vermelho-arroxeado, de toda forma, é melhor do que múmia na Park Avenue, né mesmo?

··· ◆ ···

Outro aspecto que fica esquisito para as câmeras é pele brilhando, seja de suor, seja por oleosidade, como é o meu caso.

Não tire esse brilho com pó.

Nunca.

De nenhum tipo.

Vai empastelar a sua cara.

Nos Estados Unidos tem uns caderninhos em lojas de cosméticos, que também já vi em algumas lojas no Brasil, com folhas que prometem absorver a oleosidade. Funcionam? Hum... médio.

Não gaste seu dinheiro com esses caderninhos. Nunca.

Nos trópicos, com temperaturas passando frequentemente dos 30 graus, levando o rosto a suar e fazendo aflorar a oleosidade... essas minifolhas-de- papel-com-pó são inúteis para rosto de homem. Elas lhe darão um aspecto funéreo, isso é tudo.

··· ◆ ···

Um produto eficiente para pele brilhosa, um produto simples de usar e de embalagem facílima de carregar é um tipo de **gel antibrilho**.

Existem vários, de diferentes marcas e preços. Em geral são tubos. Use com parcimônia. O gel é transparente e o efeito de manter sua pele na cor natural, bastante duradouro. Alguns são chamados de *primer*, usados como base para maquiagem. Nas lojas de cosméticos sempre oferecem para experimentar, o que facilitará sua escolha.

Se você consulta regularmente um médico dermatologista, ele ou ela poderá lhe dar uma orientação muito mais precisa do que estou dizendo.

· · · ◆ · · ·

Descobri por acaso, ao voltar a trabalhar em nosso ensolarado país tropical (e ficar com pele arroxeada algumas vezes, por exposição ao sol durante reportagens de rua), uma solução rápida, eficiente, duradoura e de bom preço, para tirar brilho e dar bom aspecto à pele masculina.

Já adivinhou, né?

Isso mesmo: **filtro solar**.

Especialmente aqueles que se intitulam de "toque seco". Ou seja, que não deixarão sua pele parecer que você está suado. Ou sujo. Existem de inúmeras marcas e preços variados. Como no caso do *primer* ou do gel antibrilho, sua/seu dermatologista pode lhe indicar o filtro mais adequado para seu tipo de pele. Assim como também o farmacêutico ou a vendedora na drogaria podem ajudá-lo na escolha. Peça para aplicar um pouco na sua pele, repare o resultado. E evite filtro solar com cor.

Estúdio versus externa

De maquiagem para gravar na rua ou para estúdio, o que hoje sei foi o que observei ao longo da minha vida profissional.

Há apresentadoras que já chegam de casa maquiadas, prontas para gravar. Elas conhecem seus pontos fortes e as melhores maneiras de equilibrar os traços de seu rosto.

Mesmo as muito belas, como **Renata Vasconcellos** fazem isso.

Repare que Renata tem um estilo todo próprio, nada parecido com a maquiagem de nenhuma outra apresentadora da televisão brasileira. Ou mesmo estrangeira.

Glória Maria tinha seus próprios apetrechos e cosméticos, pouquíssima coisa, que ela carregava em uma nécessaire pequena. Com sua experiência de repórter de rua, era capaz de se maquiar rapidamente. Já vinha de casa penteada. Tudo num estilo, como Renata Vasconcellos, só dela.

São duas exceções.

Não apenas na *TV Globo*, como em quase todas as emissoras, no Brasil e em Nova York, em que tive oportunidade de observar, só conheci maquiadores eficientes. Mais que isso. Profissionais capazes de dar a rostos, pescoços, colo, mãos, o que quer que apareça descoberto, o tom e aspecto certo para enfrentar as luzes e as câmeras dos estúdios.

Com imagem em 4K, qualquer mínima imperfeição, vira um baita defeito.

Porém, quando o trabalho é externo, a situação muda de figura.

··· ◆ ···

Quando a **Ana Paula Padrão** ainda fazia reportagens, fosse pelos corredores do poder em Brasília ou pelas avenidas de Nova York, onde fomos colegas, estava sempre impecável. Até fazendo *ao vivo* durante furacões. Mesmo na série produzida por **Guta Nascimento**, gravada, quase clandestinamente, no Afeganistão.

··· ◆ ···

Outra craque, igualmente na medida certa, em situações totalmente diferentes umas das outras, seja em Paris ou Pequim, onde foi correspondente, ou na selva amazônica, seu frequente local de reportagens para o Fantástico, é a **Sônia Bridi**.

··· ◆ ···

Sônia e Ana Paula são brancas, de pele bem clara. Esse foi o padrão da televisão brasileira, e mesmo no restante do mundo, durante muitos e muitos anos. A transformação, parte da diversidade que vem incluindo também jornalistas abertamente LGBTQIAP+, colocou em evidência jornalistas negras. A mudança é recente. Justa, digna de atenção e, por vezes, aplausos.

··· ♦ ···

No mesmo alto padrão de apresentação de Sônia Bridi e Ana Paula Padrão, seja em cima de uma bicicleta no Globo Repórter ou de tailleur no Congresso Nacional, com tom de pele completamente oposto aos de Sônia e Ana Paula, está a **Zileide Silva**.

Repare que Zileide, sempre elegante em estilo neutro, de forma a não desviar a atenção daquilo que está reportando, faz questão de manter corte de cabelo e maquiagem que orgulhosamente a definem como mulher negra.

··· ♦ ···

Busque vídeos de Zileide, Sônia e Ana Paula, em épocas e locais (até países) diferentes. Você verá exemplos de escolhas corretas. Discretas. Sem grandes riscos.

Porque maquiagem... pode ser traiçoeira em externas.

Faz calor, você sua. Borra a maquiagem. Tem de refazer. Borra de novo. E por aí vai.

Se faz frio, quem tem pele clara fica avermelhada, quem é preto ou moreno, ganha um tom acinzentado. É questão de circulação do sangue na face. É apenas biológico.

A minha sugestão é prática.

Você tem um smartphone?

Então faça experiências.

Se puder contar com a ajuda de um profissional, melhor.

Coloque um tipo de maquiagem, anote os produtos e a ordem em que foram usados, saia à luz externa, faça uma selfie. Depois coloque outro tipo de maquiagem e repita a experiência. Mais umas três ou quatro selfies, com maquiagens diferentes e o processo devidamente anotado, irão lhe dar segurança sobre qual delas é a adequada para você.

Atente-se ao fato de que, debaixo do sol escaldante da boa parte do território brasileiro, menos é mais.

Quanto menos maquiagem, mais credibilidade passará.

・・・◆・・・

Estude o estilo dos(as) repórteres e apresentadoras(es) que você admira.

Preste atenção.

Criticamente, até.

Adote o que puder lhe ser favorável.

Mas nunca, de maneira nenhuma tente imitar o estilo deles ou delas.

Melhor dizendo: não imite o estilo de ninguém.

Seja você mesmo.

Já, já, falo de *ser você mesma/mesmo*.

・・・◆・・・

P.S.: Óculos escuros diante das câmeras?!? **Nunca**. *Pelamordedeus*, absolutamente jamais, em situação nenhuma. Justin Bieber pode, Glória Pires pode, Marco Pigossi pode, Taylor Swift, Iza, Paolla Oliveira, Cauã Raymond, Fafá de Belém, Maria Padilha podem, podem, podem. É parte do "Sim, sou eu, a celebridade que você está se lembrando, mas finja que não está me reconhecendo; nem identifica para onde estou olhando". Não é o seu caso, prezada/o colega. Você é jornalista, você é quem vai mostrar a celebridade ao público, não se *esconder* por trás de óculos escuros, como eles e elas.

P.S. 2: Roupa de grife ou com **símbolo da marca** facilmente identificável: outro **nunca**, jamais, em tempo algum. Além de esnobismo provinciano e merchandising gratuito para o fabricante (que paga a outros para exibir seu logo), ostentar roupa de marca é injusto. Você está se dirigindo a um público amplo, das mais diversas classes sociais, inclusive gente pobre, ou muito pobre, que acompanha o noticiário. Acha justo ostentar?

P.S. 3: A maldição do chocolate – Gosta de chocolate? Lembra sempre de levar uma barra de cereais na mochila? Talvez um iogurte, para a hora que a fome aperta? Pois pode esquecer. Doe. Jogue fora. Faça o que quiser com eles, mas não os coma. Jamais. Eu não sabia dessas maldições e me dei mal. Mais de uma vez. Porque a ingestão de laticínios, integrais ou light, tanto faz, assim como as tais supostamente saudáveis barrinhas, ou aquele chocolate delicioso, provoca uma inevitável, desagradável e longa produção de saliva. Isso mesmo, saliva. Já experimentou falar, entrevistar diante das câmeras, ou gravar uma locução depois de ingerir um desses inimigos do jornalista? Pois eu, sim. Você vai ficar *falando esquisito*, soltando perdigotos, embolando palavras e frases inteiras. Não tem talvez. Inclua-os na categoria "**Não, nunca, jamais**".

P.S. 4: A armadilha de virar celebridade – Por talento, desenvoltura, beleza, charme, falta de outros nomes, ou por que razão for, tem virado hábito repórteres aparecerem em sites e páginas de notícias. Transformados/as, por mais curto tempo que seja, em celebridades. "O repórter mais gato", "A jornalista mais sarada", "O novo amor de sicrana/o" etc., etc., etc. Cuidado! É o tipo de armadilha sedutora que pega quem acredita nela. Infla o ego. Como um balão de borracha. E tal como um, pode ser furado. Ou murchar. Em geral, o tempo faz isso. Mas o alfinete que estoura esse tipo de balão é, sempre, a própria vaidade. Se sua ambição é essa, tá bom, vá em frente. Seja famosa/o. Aproveite enquanto durar.

> Mas se jornalismo de verdade é o que deseja abraçar, em uma carreira sólida, duradoura, agradeça e descarte.
>
> O caminho pela frente é longo.

Exceção que confirma a regra

Para **cantores e artistas**, vestir roupa de grife ou com marca óbvia, isso é com elas e eles. Há quem tenha e venda sua própria linha de roupas, calçados e acessórios; precisam exibi-los para vendê-los. É comércio. Jogadores de futebol e atletas em geral ganham dinheiro para se cobrirem com certas marcas. Repito: é comércio. Vendem suas imagens. Faturam.

Jornalista não deve – nem pode – fazer isso.

Com que roupa eu vou?

Chamaram meu nome no hall do hotel 5 estrelas, onde eu aguardava ao lado de outros jornalistas para a *junket* com a megaestrela.

Apresentei-me à assessora a chamar meu nome. Ela segurava um walkie-talkie como um segurança de megatraficante portando um fuzil. Vestia preto da cabeça aos pés.

Era 12 de fevereiro, Dia de São Valentim.

O Dia dos Namorados nos Estados Unidos e no mundo inteiro, menos no Brasil.

Especialmente comemorado – e muito bem faturado – pelo comércio e restaurantes de Nova York. Eu tinha um jantar de namoro aquela noite e estava vestido de acordo com a exigência do bistrô, igualmente cabível para uma entrevista, mas especialmente, adequado para a data romântica. Vestia paletó escuro, camisa social e uma gravata especial. Bem especial. Vermelha. Cor da paixão, claro. Estampada com um monte de pequenos corações brancos.

Acompanhei a assessora até o elevador que me levou ao andar indicado. Ao sair, seguranças e assessores pululavam o corredor do andar, todo ele reservado para a megaestrela, isolado dos hóspedes comuns. Apontaram para uma porta fechada, para onde me dirigi, devidamente acompanhado por outra assessora, igualmente vestida de preto, igualmente falando, recebendo e dando ordens num walkie-talkie, como aquela que me separara do rebanho midiático no hall lá embaixo.

A porta foi aberta, eu posto para dentro.

Tudo à volta – câmeras, equipamentos de som, maquiadores, contrarregras, figurinistas, cabelereiros & o que mais se possa imaginar que acompanhe e garanta a imagem perfeita de uma celebridade conhecida pela exigência de impecabilidade de todas as minúcias referentes a ela, desde os fios do cabelo no lugar, até a dobra da ponta da roupa que lhe cobria parte dos sapatos – estava na penumbra. Ninguém dava um pio. Talvez sussurrassem, mas não dava para ouvir.

··· ◆ ···

Rodeada por este círculo crepuscular, banhada em luz favorável e majestosamente sentada em uma poltrona, ela aguardava o próximo repórter naquela maratona de entrevistas para promover o filme em que era o grande chamariz, apesar de atuar ao lado da mítica **Lauren Bacall** e do então galã **Jeff Bridges**.

Caminhei até o círculo de luz, cumprimentei-a e sentei-me na poltrona em frente – menor e mais baixa, evidentemente, como assessores gostam de armar, para não deixar dúvida sobre quem ali era *the big one*.

Eu estava diante de **Barbra Streisand**.

Ela me olhou, demoradamente, dos pés à cabeça.

Voltou os olhos à gravata.

E apontou as dezenas de coraçõezinhos brancos que eu escolhera para o jantar daquela noite de São Valentim.

······◆······

(Sim, era um toque ridículo deste entrevistador, mas Fernando Pessoa já não havia escrito que todo aspecto ligado ao amor era ridículo?).

······◆······

Em seguida, abriu um grande sorriso acolhedor e simpático, perguntando, num tom *flirtatious*, como dizem por lá:

— Oh! Corações! São para mim?

Pronto, o gelo estava quebrado.

A megaestrela imediatamente relaxou sua postura majestática, resultando dali uma das mais deliciosas entrevistas que consegui com celebridades.

······◆······

Se você der de cara com **Fernando Henrique Cardoso** numa garagem de subsolo, num acaso esquisito demais para explicar, e você estiver vestindo jeans e camisa polo porque estava em missão de entrevista com algum/a artista estrangeiro em turnê pelo Brasil e foi deslocado, nem se avexe. Porque o ex-presidente tem sempre prazer em falar com a imprensa. E fala olhando nos olhos. Com sinceridade desarmante e didática de quem foi professor por várias décadas. Dizem o mesmo de **Lula**, mas nunca tive a sorte de esbarrar com ele. Porém, a alguns dos ministros de FHC tive de acompanhar em Nova York e Washington. Não foram experiências agradáveis.

Indiana Jones e a princesa

Roupa, aprendi naquela entrevista com Barbra Streisand, também pode ser instrumento para quebrar a formalidade quando a pessoa que você entrevista for conhecido pela formalidade, mau-humor, sobriedade, indiferença, ranzinzice ou comportamento imperial.

Mas nem sempre funciona, preciso avisar.

Para a entrevista com **Harrison Ford**, já não me lembro se usei um colete cáqui, à la Indiana Jones, ou um paletó daqueles com couro nos cotovelos, parecido com o do pai de Indiana, interpretado por Sean Connery. Ele nem notou. Continuou no seu jeito *aloof* "estou dando esta entrevista porque o contrato me obriga", respondeu às perguntas com distanciada polidez, e só.

··◆··

E ainda tem aqueles e aquelas para quem nada adianta, nem roupa, nem dever de casa, coisa alguma, na tentativa de tirar deles ou delas uma boa entrevista, um comentário interessante, uma frase original, que seja.

··◆··

Foi assim quando entrevistei o **Mel Gibson**.

··◆··

Tinha tudo para ser, pelo menos, uma entrevista, se não memorável, agradável de assistir. Foi dentro do trailer que ele estava ocupando, enquanto filmavam no Central Park. Era mais um daqueles filmes em que o filho do herói é sequestrado e pode ser morto, se o pai (interpretado por Mr. Gibson) não ceder às exigências dos vilões. Bruce Willis e Liam Neeson faziam filmes assim a cada ano.

A entrevista foi uma chatice.

Mel Gibson fixou os olhos num ponto qualquer do trailer, sem jamais olhar para mim ou para a câmera. Como se estivesse lendo um teleprompter ou respondendo a prova oral de admissão em curso para bombeiro hidráulico. Deu respostas banais, não se interessou em comentar o inquietante papel de suicida que originou a franquia *Máquina mortífera (Lethal Weapon)*, em 1987, nem o do jovem jardineiro com retardo mental que se torna amante da dona de casa mais velha, no comovente filme australiano *Tim*, de 1979.

Não sei se Mel Gibson é sempre assim, ou se só estava tendo um dia ruim. Daqueles que não tem santo, truque, ficha ou bloco de notas que ajude. Pode acontecer, claro.

Mas que parecia olhar de doido, ah, isso parecia.

··✦··

Com **Paul Newman** não foi muito melhor.

Não por esquisitice de comportamento, mas porque – eu soube muitos anos depois, vendo o excelente documentário de Ethan Hawke *As últimas estrelas de cinema*[13] – Newman tinha visão muito crítica das limitações do próprio talento. Via o estrelato como triste "herança" deixada pela morte, num acidente de automóvel, de seu colega do Actors Studio, James Dean. De quem passou a herdar os papéis antes destinados ao genial jovem ator de *Juventude transviada*, 1955. O primeiro deles foi o do jovem boxeador de *Marcado pela sarjeta* (*Somebody up there likes me*), de 1956. Paul Newman evitava falar de si, da mulher Joanne Woodward, dos filhos, das atividades filantrópicas, até mesmo do papel que interpretava.

---

13. *The last movie stars*, exibido na HBO, 2022. Olha que trama (real): Paul Newman queimou todas as inúmeras fitas-cassete que gravara para uma autobiografia. Mas já haviam sido transcritas. Com permissão das filhas do ator, Hawke fez o documentário tendo George Clooney fazendo a voz de Paul Newman.

E estávamos lá para isso, por conta de um filme. Bem peculiar, por sinal, em que seu papel era... coadjuvante de luxo, digamos. O filme, intitulado *Na roda da fortuna* (*The hudsucker proxy*), de 1994, era estrelado por Tim Robbins. Ademais, era uma *junket* com mais uns 5 jornalistas, todos fazendo perguntas tipo fã. Claro que foi outra entrevista esquecível.

A única coisa que verdadeiramente me impressionou foram os olhos de Mr. Newman: nunca vi ninguém, homem ou mulher, com olhos daquele tom de azul.

···◆···

Comparáveis apenas aos hipnóticos olhos de **Tônia Carrero**, estes de um raríssimo *"azul cor de giz"*, como definiu Rubem Braga. Quando entrevistei Tônia em sua casa, ela já com mais de 80 anos, continuava estonteante.

As grandes belezas

Tônia e Newman foram duas das pessoas mais belas que já vi na vida. Com **Juliette Binoche** e **Harry Belafonte** ali, pertinho, no pódio. **Sophia Loren** (espetacular) e **Lauren Bacall** (uma beleza luminosa, já madura quando conheci) ficam em outro patamar, em que a boniteza e o aspecto mítico estão de tal forma entrelaçados que nem dá para classificar.

> E, no gênero loura platinada vistosa, grandona, farta, exalando sexualidade por todos os poros, ninguém me impressionou mais do que a voluptuosa (sempre quis usar esse adjetivo) **Ana Nicole Smith**. Sua alegria tinha ajuda química, mas era sedutora até a ponta dos cabelos oxigenados. Tinha uma inteligência instintiva, desarrumada, mas capaz de entender aonde estava pisando.
>
> Foi uma entrevista muito interessante, com uma pessoa cheia de ambições e, de certa forma, sem instrumentos para controlá-las.
>
> Pena que a entrevista, muito injusta e grosseiramente, acabou intitulada de "*Lôra burra*", no Caderno Ela de *O Globo*.
>
> Tipo da coisa que escapa do controle de um correspondente, a 7.754 quilômetros de distância.

··· ◆ ···

Já entrevistara nobreza, nobreza de verdade: nobreza de alma.

Entre outros, **Dona Ivone Lara**, mestre **Paulo Freire**, a rainha **Fernanda Montenegro**, o príncipe das letras **José Saramago**, o nobre do samba **Paulinho da Viola**.

Mas nunca alguém de família real reinante.

Acabou acontecendo na Dinamarca.

Depois de muitas e muitas meticulosas negociações do produtor brasileiro **Luiz Costa Junior** e da assistente de produção dinamarquesa **Anine Christensen**, navegando o protocolo da família real da Dinamarca, recebemos permissão para entrar na residência oficial da família, o Palácio de Amalienborg, em Copenhague, onde teríamos um papo exclusivo com a **princesa Marie**, nascida Marie Agathe Odile Cavallier, na França.

·‧·◆·‧·

O código de vestimenta era o previsto para um repórter em situação formal: traje passeio completo. Incluindo o sapato clássico preto (calçado apenas uma vez, quando fui padrinho do primeiro casamento do meu sobrinho Ricardo Lobo, em Brasília).

·‧·◆·‧·

Eu dava como certo que uma família reinante há mais de mil e duzentos anos[14], como é o caso dos dinamarqueses Schleswig-Holstein-Sonderburg-Glücksburg, deveria estar mergulhada na mesma pompa e circunstância, talvez até mais, da família real inglesa. Que na verdade era alemã de origem e só trocou o sobrenome Sachsen-Coburg und Gotha em 1917, quando a Grã-Bretanha estava metida numa guerra contra a Alemanha. Por sinal, governada pelo primo deles, o Kaiser Wilhelm.

---

14. Desde o ano 958 d.C., com o rei Gorm den Gamle (o Velho).

··◆··

Por fora, o Slotsplads Amalienborg é formado por quatro prédios idênticos, de linhas retas e sóbrias, construídos em pedras claras, em torno de uma praça. O conjunto tem menos imponência do que qualquer prédio oficial de Washington.

··◆··

Passamos pela segurança sem aquelas revistas paranoicas a que todo visitante é submetido em qualquer prédio de governo, em outras partes do mundo. Entramos numa área interna aberta, despojada. Nos vimos diante de uma escada de madeira.

A princesa Marie nos encontraria numa sala no andar de cima.

··◆··

Eu esperava ver salões luxuosos com paredes revestidas em tecidos preciosos, poltronas e sofás forrados de veludo, candelabros de prata e abajures de porcelana, tapeçarias seculares, quadros de grandes mestres, vasos de cristal, esculturas de mármore em tamanho gigante, móveis de mogno com incrustações em dourado e marfim. Em resumo, a ostentação a que todos nós, plebeus, nos acostumamos, tanto em fotos de revistas como ¡Hola! e *Vanity Fair*, quanto em seriados como *The Crown*.

··◆··

Ao chegarmos ao cômodo do andar superior, o diretor **Saulo de la Rue**, o cinegrafista **Edilson Santos** e o técnico de som **Renan Raphael** – a equipe mínima exigida pela assessoria da casa real –, a surpresa.

Estávamos na dispensa do palácio.

Com formas de bolo, latas, pacotes de mantimentos e que tais, distribuídos por plebeias prateleiras, paredes e armários pintados de branco.

Antes que nos recobrássemos do espanto, uma assessora (uma única assessora, nada próximo daquele exército a cercar Barbra Streisand) abriu a porta da sala contígua à despensa e nos convidou a entrar.

Aí, sim, era uma sala atapetada e mobiliada com sofás, cadeiras e mesas de centro, quadros nas paredes. Porém, nada, nem de longe, próximo aos grandiloquentes cenários dos novos-ricos Windsor. Era, digamos, uma sala de visitas ao estilo clássico, ampla, que poderia estar em Higienópolis, ou em Paris, ou na Avenida Atlântica de Copacabana.

··◆··

Quando a princesa Marie entrou, uns 20 minutos depois, estávamos com as luzes, câmeras e som prontos para a entrevista.

Quase magra, de altura mediana, era a imagem perfeita de uma princesa moderna. Uma ex-administradora hoje dedicada a trabalhos voluntários, que leva e pega os filhos na escola, marcha em paradas LGBT e, também, se apresenta com a devida majestade em festas de gala.

Ali conosco, ela cumpria o dever de falar de seu país de adoção e dos esforços dinamarqueses contra a desnutrição lá e a fome no mundo. Um tanto como diplomata, outro tanto como política, quase uma executiva, mas ainda e sempre princesa. Da cabeça aos pés.

Quem me ajuda a descrever seu figurino é a *fashion expert* **Regina Martelli**.

A elegância de uma princesa

"Ela mistura clássico e moderno. O cabelo tem um corte contemporâneo, natural, clássico sem lhe dar ar pesado de senhora. Em vez de vestir um tailleur convencional, optou por calça preta comprida estilo Capri, que vai justa até os tornozelos e cai bem em seu corpo esguio. Seus sapatos scarpin de saltos 6,5, cor nude, não chamam atenção e não entregam a grife (princesas não fazem merchandising). Mas o casaco, esse não deixa dúvida: é um Chanel de lãzinha cor marfim com quatro bolsos e botões prateados, de corte seco, sem debruns nem enfeites, muito imitado, mas como só Chanel sabe fazer."

··◆··

Cumprimentei-a. Ela sentou-se. Sentei-me em seguida. As pernas de minhas calças subiram um pouco, deixando à mostra as meias que eu vestira de propósito.

Eram de cor púrpura.

A princesa Marie notou.

E deu um leve sorriso principesco de aprovação.

Pronto.

Como acontecera, por acaso, com Barbra Streisand, o gelo estava quebrado.

Assim a entrevista entre a princesa e o plebeu rolou num suave clima de cordialidade.

E ainda quebrei o protocolo ao oferecer à Sua Alteza Real um exemplar, dedicado e autografado, da versão francesa do meu romance *Se eu fechar os olhos agora* (*Si je ferme les yeux*. Paris: Éditions Belfond, 2013).

10

Nem tudo na vida são palácios e meias fúcsia

Há situações em que sua missão exige exatamente o oposto do que acabei de contar sobre a princesa Marie da Dinamarca.

Exige que você se vista de forma que nada em sua roupa chame a atenção, que nada em você, ou sobre você, atrapalhe a comunicação da notícia.

Palácios e favelas acabam fazendo parte da rotina de quem é repórter.

Cada situação e local definem a roupa adequada para você vestir.

Por você e em respeito à pessoa que entrevistará.

··•◆•··

Em coberturas de estreias, premiações, festas como o Oscar ou o Globo de Ouro, evidentemente que o adequado é um smoking para o repórter e uma roupa com jeito de gala para a repórter. Que pode, por sinal, ser um smoking, igualmente. Como aqueles que Catherine Deneuve e Jane Birkin usaram algumas vezes, assinados por Yves Saint Laurent.

⋯•◆•⋯

Alguns atores colocam smokings de lamê. Há os que se vestem todos de preto. O audacioso Billy Porter mistura paletó roxo com grande saia rodada. Fazem bem. Eles têm que chamar atenção, destacar-se na multidão.

O repórter, não.

Nem a repórter.

Repórter tem que reportar.

Show é para as estrelas

Lembrando que, no Brasil, festas de premiação misturam gente de smoking e vestidos longos com pessoas de camisetas com jeans, tênis com sapatos de grife, em divertida bagunça que é, francamente, a nossa cara.

⋯•◆•⋯

Moda é uma forma de linguagem

Foi **Woody Allen** quem inaugurou a mistura de tênis com roupa de gala.

E sua ex, **Diane Keaton**, afrontou o dito bom-gosto da época ao vestir-se de saia, mas com camisa e paletó masculinos – para receber seu Oscar de Melhor Atriz pelo papel de Annie Hall ("*Noivo neurótico, noiva nervosa*", de 1977).

Isso foi quase meio século atrás.

··•◆•··

Mesmo na sóbria Academia Brasileira de Letras, em posse recente de novo imortal, houve quem, contestador de regras e convenções, lá apareceu de camiseta por baixo do paletó, quando o convite especificava, com todas as letras, "Traje passeio completo". Ou seja: paletó e gravata. E daí?

··•◆•··

Daí, nada.

··•◆•··

Porque nas premiações norte-americanas, particularmente, as roupas usadas por atrizes e atores são fornecidas por marcas famosas. Depois de muitas disputas e negociações. Eu deveria escrever *negociaçõe$*, porque muitos dos atores, estrelas, e mesmo alguns diretores e produtores, ganham cachê para vestir o que vestem. Assim como cobram para pendurar as joias em suas orelhas e pescoços (**Lady Gaga**, possivelmente enebriada pelo Oscar que havia ganhado pela canção de *Nasce uma estrela*, de 2018, quase enlouqueceu os seguranças da joalheria Tiffany & Co. quando saiu da premiação sem devolver o diamante que levava pendurado no pescoço. Valendo 30 milhões de dólares. Os seguranças foram até à festa em que ela estava e pegaram a joia de volta).

··◆··

Joias e roupas emprestadas estão começando a aparecer nas premiações ocorridas na Grã-Bretanha.

No Brasil, pouco mais de uma meia dúzia de celebridades são pagas para vestir essa ou aquela marca. Ou tingir o cabelo. Ou coisas do gênero.

É direito delas.

Repórter, se não tem roupa, não pode aceitar favor. Deve alugar.

Com alguns cuidados.

Passe na loja uns dias antes, para ajustar o que estiver comprido, largo, apertado, o que for.

Aos rapazes: se o seu orçamento permitir, compre uma **camisa de smoking branca**, simples, que você usará em poucas ocasiões no Brasil, mas que será sua, mandada lavar na tinturaria de sua confiança.

E **gravata preta**, OK?

Gravata colorida vale para baile de carnaval (ou para entrevista no Dia de São Valentim).

··◆··

Moça ou rapaz: ocupe-se da roupa.

Mas não se preocupe demais com ela.

Você é jornalista, está trabalhando, você precisa estar confortável.

E à vontade para se movimentar, circular, apurar.

Jennifer Lawrence, lindaça num vestido que parecia saído dos filmes de princesa da Disney quando ganhou o Oscar, tem direito de tropeçar na saia e cair.

Ela é atriz, ela pode.

Você, não.

··· ◆ ···

Errar no que veste não é pecado

Mesmo porque jornalista não é ícone da moda. Ainda que sempre digam que "jornalista não sabe se vestir".

Nem precisa, tá?

Jornalista tem é de saber ser bom jornalista.

Erra-se, claro.

Erra-se por muitas razões.

Orçamento é a primeira delas.

Isto é: falta de orçamento.

Mas não apenas.

Pressa e desatenção são mais culpadas do que o mau gosto que nos é atribuído, aos homens e mulheres jornalistas.

··· ◆ ···

Mas pretensão também pode dar rasteiras. Por vezes, sem nem perceber.

No caso das jornalistas, elas, ocupadas com os detalhes de como devem construir a matéria, e no pouco tempo de que geralmente dispõem, entre receberem a pauta, vestirem-se e se maquiarem, saírem para gravar, voltarem com o material, decuparem, escreverem etc. podem acabar por tropeçar feio.

Isso pode ser evitado?

Pode.

Qual é a mágica?

Simplicidade.

Despojamento.

Mas quem vai falar disso não sou eu.

É uma profissional da moda, com décadas de experiência e brilhantes resultados.

Os 11 mandamentos da elegância (das repórteres e apresentadoras)

Para as repórteres e apresentadoras, recorri à figurinista **Ana Lucia Quintaes**.

Por mais de três décadas ela foi a responsável pela elegância de Fátima Bernardes, Glória Maria, Giuliana Morrone, Leilane Neubarth, Poliana Abritta e tantas outras apresentadoras do Jornal Nacional, Fantástico e da *GloboNews*.

Ana Lucia Quintaes resumiu, a meu pedido, os fatores essenciais para a jornalista enfrentar as câmeras, tanto dentro de estúdios quanto em reportagem de rua, sem risco de tropeçar.

São onze.

Aqui estão:

11 Mandamentos da elegância

1. *Nunca use roupa justa demais. Não favorecem ninguém. A televisão alarga a imagem. Mesmo as magras parecerão gordinhas.*
2. *Prefira cores neutras e lisas. Mas passe longe de calças e saias brancas, porque fazem os quadris parecerem muito mais largos do que na realidade.*
3. *Cuidado com estampas, que aumentam o volume da pessoa, poluem o visual e roubam a atenção do telespectador. No YouTube o efeito é mais desastroso ainda.*
4. *Evite echarpes, lenços, boinas, chapéus. Só valem para as repórteres que trabalham em clima muito frio.*
5. *Tênis, antes exclusivo para ginástica e corrida, agora vale em transmissões esportivas. Mas só nelas.*
6. *Cabelos longos encurtam a figura no vídeo, fazem apresentadoras e repórteres parecerem mais baixas.*

> **7.** Babados em blusas fazem volume e dão impressão de braços mais grossos e seios maiores.
>
> **8.** Brilho na roupa: no Réveillon e no Oscar, pode. Em estúdio, é melhor consultar o diretor antes, para ter certeza de não "rasgar" a imagem.
>
> **9.** Blazer marinho compõe com tudo, até T-shirt.
>
> **10.** Salto alto valoriza a postura feminina, tornam refinada qualquer roupa simples.
>
> **11.** Deixe suas bijuterias em casa e use apenas o básico. Colares, por exemplo, além de chamar muita atenção, podem roçar no microfone preso à blusa.

··◆···

Minha sugestão para nós, *uzômi* (repórteres e apresentadores)

Já frisei mais de uma vez como sapatos confortáveis – sapatos, não tênis – são imprescindíveis na vida de um repórter. Até para correr e buscar abrigo, em caso de tiroteio.

Nunca se vista com calça clara. Sujam facilmente, é obvio. Imagine o que acontece com elas, quando você se jogar no chão do beco de uma favela. Ou tentar se proteger, agachado, atrás das rodas ou motor de um veículo (sim, é a melhor maneira de se proteger de balas). Mas na pressa, nem sempre a gente lembra.

Pois lembre-se: calça escura.

Sempre, igualmente, camiseta por baixo da camisa.

A razão deste conselho é óbvia no Brasil.

Vivemos num país tropical, onde até mesmo nos estados do Sul há picos de calor. É natural que você sue. A transpiração atravessa o tecido e faz aquelas manchas debaixo no braço, na altura do peito, na gola etc.

Sabe que camisa de tecido sintético, daquele tipo que *"não amassa"*, esquenta e faz suar mais, não sabe? Cai fora. É roubada.

Prefira camisa de algodão.

Com – repito – camiseta por baixo.

Ainda que, quando o sol de verão se transforma em *maçarico*, como me aconteceu em Miami, o vexame diante das câmeras é inevitável.

・・・◆・・・

Assassinato em Miami

Na cobertura da **morte de Gianni Versace**, gravamos em pleno, tórrido, verão da Flórida. Pelas ruas de Miami e em frente à suntuosa mansão onde o costureiro vivia e onde foi assassinado, em 19 de julho de 1997, por Andrew Cunanan. O calor era tanto que minha camisa azul-clara aparece nas imagens como azul-escura. Ensopada de suor, mudou de cor. Por isso o lembrete:

> mesmo com camiseta por baixo, não há como escapar dos efeitos de um sol a mais de 35 graus.
>
> **P.S.**: A polícia da Flórida matou Cunanan alguns dias depois. Num confronto, alegaram.

••◆••

Também prefiro e sugiro **camisa polo**, em vez de camisa social. Sempre que for possível, claro.

Já usei até em matérias mais formais, com blazer por cima.

(**Blazer salva tudo**. Azul-marinho, tá?).

Polo é a camisa ideal do repórter/correspondente internacional.

Primeiro porque não amassa na mala. Com uso de cinto de segurança, tampouco. Nem com empurrões, abraços ou o que quer que venha a ocorrer no meio da sua reportagem. Ademais, a camisa polo é um denominador comum a todo tipo de homem, em qualquer classe social. Fica bem em homens altos e homens baixos, magros e atléticos, gordos e jovens, entregadores de comida e tenistas, bancários e banqueiros, corruptos e inocentes.

Não sou de variar cores.

Visto frequentemente azul-marinho, verde-escuro, preto.

Se, para completar, você é meio desastrado, como eu, cores escuras disfarçam melhor a mancha de molho, café ou creme que eventualmente resolva pular de sua comida sobre o que você está vestindo.

Sempre com camiseta por baixo.

··•◆•··

O inesperado sempre faz uma surpresa

Naquela manhã dos **atentados do 11 de setembro de 2001**, por uma questão de hábito, na correria entre o telefonema da redação que me designou para a cobertura e a necessidade de chegar o mais rápido possível às Torres Gêmeas do World Trade Center, coloquei a primeira roupa que vi no armário, a mais comum e habitual para as coberturas jornalísticas que fazia: terno, gravata e sapato social. Vendo hoje, duas décadas depois, a mim parece deslocada a formalidade para reportar diretamente de um local destruído por ataques terroristas. Do dia seguinte em diante, até por sugestão da Editoria de Internacional baseada no Rio de Janeiro, passei a me vestir com roupas "comuns", calças de brim, camisas jeans, tênis.

··•◆•··

No **Carnaval**, a *TV Globo* confeccionava camisetas coloridas com sua logomarca para todos que cobriam as ditas folias momescas. As repórteres, em geral, estavam bem com elas, depois de mandar ajustar aqui e ali, cortar cá e lá, customizando seus figurinos. Mas nós, os rapazes, alguns com sobrepeso ou pouco aspecto atlético, ficávamos, francamente, lamentáveis. Isso durou até decidirem trocar as desfavorecedoras camisetas por democráticas camisas polo, ainda bastante coloridas, estampadas com a palavra Globeleza em tons, digamos, carnavalescos. Aí, não se tem escolha.

···◆···

Para **grandes eventos esportivos**, mundiais ou nacionais, não há motivo para se preocupar. Todos os canais brasileiros, e não apenas os que compraram os direitos de transmissão, fornecem algum tipo de uniforme para quem cobre os eventos. E até para comentaristas que ficam nas cabines ou nas mesas-redondas. Se caem bem ou não, é irrelevante. Uniforme é uniforme. E ponto final.

···◆···

Me arrumei de terno e gravata para entrevistar uma **governadora do Estado do Rio de Janeiro** (aquela que só se vestia de rosa). Eu tinha chegado há pouco dos Estados Unidos e ignorava os meandros dos anos recentes na sempre agitada política do Estado do Rio.

Minha colega **Bete Lucchese** fez generosamente um relato de quase uma hora sobre os espantosos anos de governo do marido da governadora que só usava rosa. Outros jornalistas, quiçá mais alinhados com o partido dela e do ex-governador, vestiam-se com camisa social para fora das calças e calçavam tênis; vi um de sandália franciscana. Tudo bem, para eles, que assim preferiam. Mas além de acreditar que o posto ocupado por aquela senhora requeria vestimenta formal, ali no Palácio Guanabara eu representava a *TV Globo*. Era uma questão de respeito ao cargo.

Justamente porque eu era repórter da *TV Globo*, hostilizada por aquela senhora, ela recusou-se a falar comigo. Se eu tivesse ido de camiseta regata e bermudão, não teria feito diferença.

Em resumo: se o mandante não respeita o cargo, o jornalista deve.

···◆···

Poucos dias depois, minha pauta era entrevistar uma **moradora da Favela Santa Marta**, uma senhora cuja família vivia desde os primórdios da comunidade, nos anos 1930.

Era verão. Verão carioca, com termômetros marcando temperaturas acima dos 30 graus Celsius. A pequena casa de **Dona Berenice Carlos dos Santos**, ela nos alertou, era muito quente. Tinha ventilador, mas expliquei para ela que o ruído atrapalha as gravações. A entrevista seria com ventilador desligado. Dona Berenice aconselhou que eu fosse de camiseta. A editoria concordava.

Pois bem, decidi que não. Não iria de camiseta. Nem camisa polo. Preferi vestir o mesmo terno e coloquei a mesma gravata de dias atrás, quando fui (tentar) entrevistar a governadora, mesmo sabendo o inferno que seria ficar horas dentro dele, na casinha de Dona Berenice, naquela favela no bairro de Botafogo, Zona Sul do Rio.

Ora, pensei, se me ponho todo supimpa para respeitar o cargo da governadora, mais respeito ainda merecia a antiga faxineira e passadeira Berenice dos Santos, que tão generosamente abria para nossa equipe as portas de sua casinha na favela. Com café e bolo, diga-se por sinal. E, muitíssimo gentilmente, me vendo suar dentro do terno que eu vestia, perguntou:

— Não quer tirar o paletó, meu filho?

Eu queria. Bem que queria. Porém, mantive o figurino formal.

Era uma questão de respeito.

・・・◆・・・

Um alerta para as **noites de Réveillon**.

Se você for cobrir a festa, seja em Copacabana, Camboriú, Salvador, São Paulo, Florianópolis, Recife, João Pessoa ou São João de Meriti (sim, um chefe me mandou para lá, uma vez), ou onde quer que aconteça, atenção.

Alerta máximo!

Prepare sua paciência, seu bom humor, e leve uma blusa/camisa extra.

Da multidão anônima sempre brota um bêbado – ou uma bêbada, sim, porque elas também *metem o pé na jaca*, é bom saber – mais agressivo/a (na mistura de álcool com testosterona dos bombados e bombadas dos anos recentes é inevitável), ou que acha divertido jogar areia, taças, copos ou mesmo latas onde aliviou-se de líquidos corpóreos advindos do excesso de cerveja. Infelizmente, há quem se divirta jogando latas cheias de urina nas equipes que fazem a cobertura das festas de fim de ano.

··· ◆ ···

Bêbados e doidões, nem preciso dizer, também fazem parte da Via Crúcis das equipes que cobrem Carnaval de rua.

Marombeiras e *pitboys*, gente agressiva ou sem-noção, estão por toda parte. E querem aparecer nas reportagens. Insistem em pegar microfone para dar entrevista. Dão declarações e xingam direto para as câmeras. Calma. Aguente firme. Doideira e grosseria não são exclusivas de gênero, orientação sexual, etnia, índice de gordura corpórea ou idade.

Festivais de música, então?!???

Só repetindo a frase sensacional, eternizada por **Christiane Torloni** num Rock in Rio de anos atrás: "Hoje é dia de Rock, bebê". E estamos conversados.

Frisando: blusa ou camisa extra: você vai precisar.

Cuecas e roupas íntimas… talvez.

Quando e onde menos esperar.

Correspondente internacional não tem descanso

As viagens constantes, às vezes com diferença de apenas um dia ou dois entre uma e outra, particularmente conforme acontecia na época em que fui correspondente da *TV Globo* nos Estados Unidos, me ensinaram que não adianta planejar.

A notícia, o acontecimento, o fato, não tem hora. Nem lugar, claro. Uma tarde você está em Manhattan, na manhã seguinte aterrissando em Honduras, para cobrir a devastação provocada pelo furação William. Ou seria Henry? Ou teria sido El Salvador?

Adiantar, não adianta. Mas isso não impedirá você de se atrapalhar o mínimo possível quando tiver de viajar, de uma hora para outra.

Carrossel incessante

Nessa época de viagens constantes, voltando para Nova York com o cinegrafista Paulo Zero, depois de alguma missão no Sul dos Estados Unidos (a uma escola da CIA para ensinar golpes

> de Estado a militares latino-americanos, se não me engano), perdemos a conexão e tivemos de passar a noite num daqueles hotéis de cadeia iguais a milhares de outros, até na decoração idêntica. Quando acordei, olhei em volta e não atinava onde nosso voo tinha empacado. No bloco ao lado da cama havia apenas o nome da cadeia de hotéis, sem localização. Não quis ligar para a portaria e perguntar "Onde estou?". Tive de refazer mentalmente as últimas doze horas, até me lembrar do formato de palmeiras das colunas do aeroporto. Estávamos em Memphis, Estado do Tenesee.

・・・◆・・・

Daí que eu aprendi o básico.

Um correspondente internacional precisa ter sempre **duas malas básicas de roupa prontas**.

E sempre com o mesmo tipo de roupa.

Mesmo morando no Brasil e fazendo reportagens em território nacional, ainda que hoje em dia se faça muita entrevista por vídeo, ainda assim acho mais prático e rápido manter uma mala de mão sempre pronta para viagem.

Seja para onde for.

Veja alguns truques práticos que os tropeços me ensinaram.

··◆··

Eu embarcava de Nova York para o destino designado, que podia ser desde o tórrido Vale da Morte, na Califórnia, à gelada Minnesota, usando paletó, camisa, gravata, sapato social, pronto para a entrevista ou reportagem quando chegássemos ao destino.

Levava a bordo uma mochila, apenas.

E um laptop.

(No caso de lugares frios, ia também vestindo um casacão).

A mala com as roupas para os eventuais dias seguintes era despachada, junto com o tripé, o material de câmera e som.

Na mochila colocava sempre duas mudas de cuecas, camisetas e meias. Porque sempre existe a chance de sua mala despachada se perder, ir parar em outro cidade, e você não quer passar 48 horas esperando, vestindo as mesmas roupas de baixo usadas.

Na volta, terminada a missão, as vestimentas daquela mala iam para a lavanderia.

E a pilha para a próxima estava reservada, num canto do guarda-roupa.

··◆··

Na mala despachada eu sempre levava:

- camisas sociais (2 a mais do que os dias previstos);
- gravatas (mesma coisa);
- calças sociais (2) e uma jeans, que funcionava como coringa;
- 2 bermudas
- camisetas (sempre 2 a mais etc.);
- meias sociais (idem) e 2 de ginástica;
- 2 camisas polo
- calção (2), caso tivesse ânimo para malhar ou correr no fim do dia;
- camiseta de ginástica, lavável e que secasse rápido;
- 1 par de tênis
- 1 nécessaire
- cuecas (sempre 4 a mais do que os dias planejados);
- 1 suéter (opcional)
- 1 moletom (opcional)

Cuecas no Iraque

Sobre **cuecas**: leve sempre muito mais do que acredita que necessitará.

Com esse espírito, me dei bem numa missão espinhosa ao Oriente Médio, ao lado do grande e sereno colega **Helio Alvarez**, e acabei deixando uma trilha de cuecas, quando fui ao Iraque. Um total de 19 dias.

Nosso voo foi de Nova York para Amsterdã, dali para a Jordânia. Saindo da capital, Amã, atravessamos o deserto e passando por várias cidades, inclusive Bagdá, Mosul, Basra, Samarra.

Em Bagdá estávamos planejados para entrevistar **Tariq Aziz**, o temido primeiro-ministro de **Saddam Hussein** (a quem tentamos, sem sucesso, ter acesso através de Aziz).

Desde o planejamento, eu sabia que não haveria tempo para lavar e secar nenhuma cueca.

Daí que levei 25 cuecas na mala.

Baratas.

Não forçosamente por pão-durismo.

Além da extrema precariedade das instalações hidráulicas dos modestos hotéis onde nos hospedamos, o Iraque – sob a tirania de Saddam Hussein e já arrasado pela **Guerra do Golfo**, levada a cabo por **George Bush** (pai do Bush do 11 de setembro) –, atravessava um período de grande seca.

Além de que, na maior parte das vezes, ficaríamos apenas 24 horas em cada local.

Vários de nossos hotéis e hospedarias, sabíamos de antemão, não dispunham de serviço de lavanderia.

Quando as havia, não ofereciam serviço expresso.

Esses elementos todos, reunidos, me convenceram de levar o estoque de cuecas de baixo preço.

Ao final do dia, após o banho, jogava a cueca usada no fundo do guarda-roupa ou armário. E era lá que ficava – que ficaram, uma a uma – enquanto seguíamos para outros destinos.

Deixei um rastro de cuecas pelo Iraque a fora.

Fazendo a cabeça

Se você faz muita atividade física, como eu, ou se vai circular muito e intensamente durante sua missão, é natural que lave a cabeça todo dia. Para manter seus hábitos higiênicos sem se preocupar, o melhor é usar cabelo curto. Em regiões muito frias, ou de neve, nunca saia com eles molhados. Cabelos congelam, sabia? E a maioria dos hotéis, particularmente em áreas de invernos rigorosos, dispõe de secador de cabelos no banheiro. Maioria. Não todos. Por via das dúvidas, telefone antes e confirme. E leve um boné ou uma touca. "O calor do corpo escapa pela cabeça", me ensinaram no hemisfério Norte.

A repórter **Giuliana Morrone**, durante os dias em que gravou o Globo Repórter sobre a Tanzânia, em 2022, inclusive nos dias em que subiu os 5.895 metros do monte Kilimanjaro, dormindo em barraca, nunca deixou de lavar seus belos e fartos cabelos longos. Não sei como.

Esse segredo ela não conta.

Como a receita dos pãezinhos de minha tia Nina.[15]

Só sei que, com certeza, teria sido mais fácil se fossem curtos como os da **Sandra Annenberg**.

Aliás, Sandra vem sendo um exemplo de elegância descontraída.

Preste atenção na escolha que ela faz dos figurinos.

Sempre opta pelos mais confortáveis, de linhas mais simples, sem enfeites nem penduricalhos.

Nos pés, saltos baixos (são horas e mais horas gravando em pé, às vezes noite adentro).

E sempre está bem.

・・◆・・・

---

15. Tia Nina, uma grande quituteira, fazia uns deliciosos pãezinhos, cuja receita ela dava a quem pedisse. Aparentemente com a maior boa vontade. Aparentemente. Porque os pãezinhos feitos daquela receita, mesmo seguindo à risca o que escrevera tia Nina, jamais ficavam tão saborosos quanto os dela.

Chegando aos pés

Dentre as incontáveis bobagens que cometi, no meu início na televisão (e não foram poucas), nenhuma foi mais dolorosa do que a escolha do que calçar.

Enquanto eu era repórter de imprensa escrita, sem imagem, portanto, não precisava me preocupar nem com o que vestia, muito menos com o que calçava. Usava sempre jeans, camisa preta e tênis, no verão, substituídos por suéter preto, casaco, suéter e botinas, no inverno. Bastava isso.

Para aparecer na televisão, nos tempos de obrigatoriedade de terno e gravata (ainda hoje os repórteres americanos, tal como seus entrevistados, continuam se vestindo dessa forma), comprei sapatos sociais legais, capazes de compor boa imagem no vídeo.

Boa imagem, sim.

Mas lá embaixo...

⋯◆⋯

As repórteres são mais espertas que nós

Já faz algum tempo que os chamados *sapa-tênis* passaram a ser aceitáveis, em ambientes mais formais.

Tudo bem, se assim o repórter preferir.

Mas se o governador, ministro ou juiz está de terno, gravata e sapato, e o repórter calçando sapatênis... não lhe parece meio fora do tom?

> *Sapatênis* com terno é uma mistura de senso estético individual, atitude diante de autoridade e questão geracional, me parece, que cada um responde conforme se sente melhor.
>
> As jornalistas que cobrem eventos onde há autoridades, sabem o truque.
>
> Usam sapatos ultra confortáveis e levam na bolsa os de salto alto, para calçar na hora da gravação ou da entrevista).

···◆···

O desconforto de um dia inteiro calçando sapatos sociais... *Deosmeo*, foi, francamente, uma tortura.

Caminhar com eles, já que em Nova York se caminha muito, outra.

E aguardar em pé pelo momento da chegada do personagem da matéria, do momento do pronunciamento oficial, ou acompanhar durante horas seguidas o desfile de integrantes da **Ku Klux Klan** (sim, houve, na zona sul de Manhattan), ou subir e descer escadas e mais escadas para pegar o metrô...

Sinceramente, sapatos sociais foi mais que bobagem da minha parte.

Foi ingenuidade e burrice.

Sobretudo, foi inexperiência.

Mas aprendi e estou aqui para te contar.

Portanto, fechando este assunto: seja esperto.

Use sempre sapatos confortáveis.

Seus pés agradecerão.

Seu bom-humor, também.

··•◆•··

Tiro, porrada & bomba. E enchentes

É imprescindível que você tenha sempre uma **bota de borracha** pronta para uso, daquelas que vão quase até o joelho, para caminhar por ruas, avenidas e bairros alagados. Vamos ser realistas e reconhecer: a maior parte das cidades do Brasil vive enfrentando esse tipo de tragédia anunciada, década após década. Desde que eu era *foca*[16]. E vai continuar.

Capa de chuva, tenha, também. Uma daquelas com capuz.

Leve um ou dois **pares de meias extras** na mochila. As meias com que saiu de casa estarão, com certeza, encharcadas no meio ou ao final da sua missão. Uma **blusa ou camisa extra**, também. Pelas mesmas razões.

··•◆•··

---

16. No jornalismo, *foca* é como são chamados os jornalistas em início de carreira.

Manifestações, porradaria, balas de borracha, *cassetetadas*, coquetéis Molotov, pedradas, bombas de efeito moral e muito mais: prepare-se. Mais dia, menos dia, você se verá no meio de algum protesto que se torna violento. E tanto polícia, quanto manifestantes, não se inibem em malhar – fisicamente – a imprensa. Com diferentes significados para cada lado que agride.

Não enfrente esses grupos sem proteger sua cabeça com um **capacete** resistente. E com olhos protegidos, seja de que maneira for (nada de óculos de vidro).

· · · ◆ · · ·

Um investimento nada barato, mas que você agradecerá aos céus ter feito é – não estou brincando – **máscara contra gases**.

Não vá a nenhuma manifestação sem carregar uma.

Caso contrário, seus pulmões arderão, seus olhos lacrimejarão, você vai ter dificuldade para respirar, vai sentir ânsia de vômito e... já ouviu falar em "bomba de efeito moral". Sabe a que efeitos se refere? Dá um Google. Ou pergunte à Siri. Ou faça uma consulta ao ChatGPT.

Vai ver que meu conselho da máscara será bem-vindo.

· · · ◆ · · ·

Por outro lado, se você vai ficar junto com a turma de comentaristas do estúdio, vociferando sua indignação dentro de confortável ar-condicionado e protegido por paredes e seguranças, ou por trás de uma bancada do noticiário, dentro da emissora para a qual trabalha, sem correr nenhum risco físico, ou fazendo boletins do interior do seu apartamento, enquanto recebe imagens dos conflitos externos, não dê importância a nada do que alertei acima. Não carece.

・・◆・・・

Um triste exemplo

Nas manifestações iniciadas em 2013, vários de nós fomos ofendidos e agredidos por ativistas, *black blocs* e outras pessoas que se uniam em grupos especificamente para atacar a imprensa.

Um caso mais grave, que devemos ter sempre em mente, foi o do premiado cinegrafista **Santiago Andrade**, fazendo a cobertura para a *TV Bandeirantes*, para a qual trabalhava há 10 anos.

Santiago foi atingido na cabeça por um rojão, quando registrava um confronto entre policiais e manifestantes no centro do Rio. Sofreu afundamento do crânio. Mesmo levado imediatamente para um hospital ali perto, não resistiu.

Como o *G1* noticiou na época, "*A explosão foi registrada por fotógrafos, cinegrafistas e câmeras de vigilância instaladas nas proximidades da Central do Brasil. Após a divulgação das imagens, Fábio Raposo se apresentou na 17ª DP*

(São Cristóvão) e confirmou à polícia ter passado o rojão ao homem que acendeu o artefato que atingiu o cinegrafista".

Santiago ficou em coma, acabando por falecer 4 dias depois. Estava com 49 anos.

Até a conclusão deste livro, não houve julgamento dos acusados.

12

Reaprendendo a escrever

screver para televisão é simples.

Por isso mesmo, complexo.

Foi para mim.

Eu vinha na trilha correta de escrever textos para jornais e revistas, onde se pretende levar quem lê a entender onde o fato aconteceu. Como e quando aquilo se deu. Quem eram as pessoas envolvidas. Com tantos e tais minúcias que faziam – fazem, até hoje – o leitor entender todos os aspectos. Ver o acontecimento por todos os ângulos possíveis, de forma a poder formar imagens e analisar para chegar a seu próprio ponto de vista. Se não mesmo a uma opinião.

A favela, o condomínio de luxo, o escritório imponente, a casa modesta ou a mansão à beira do lago Paranoá, todas as minúcias precisam ser anotadas e descritas.

Na revista ou jornal, quem lê precisa receber todos os detalhes que ajudem a compor o quadro.

Mi-nu-ci-o-as-men-te.

Edney Silvestre

> **Também lhe acontece isso?**
>
> Tenho péssimo olho para registrar que roupa as pessoas estão usando.
>
> Por isso mesmo, anotava. Anotava tudo. Porque vestimenta é fator importantíssimo, fundamental, mesmo, para jogar luz sobre personagens da vida real.

Anote e analise tudo

Que roupa usava a pessoa assassinada – já que vestimentas geralmente definem classe social. Os colares, pulseiras e anéis que a madame acusada de sonegação de impostos exibia. O bairro na cidade da Flórida ou Uruguai para onde fugiu o condenado por corrupção. Os outros moradores do condomínio da Barra da Tijuca onde vivia o miliciano suspeito de execuções encomendadas e atividades econômicas ilícitas. O carrão importado, o fusquinha, o barraco na rua sem calçamento nem saneamento e a cobertura com vista para o mar. Cada detalhe conta um pedaço da história que você deve compor.

Como num quebra-cabeças.

Gente famosa, por exemplo...

Se está de calça jeans e camiseta, calçando tênis ou mocassim (como conheci a muito bela **Catherine Zeta-Jones**, ensaiando para o Oscar, antes do casamento com **Michael Douglas**), é alguém que prefere a simplicidade. Ou quer passar uma imagem de despojamento.

··· ◆ ···

A maneira como **Sean Connery** me deu entrevista, em Los Angeles, quando lançava o filme *A rocha* (*The rock*), 1996 – camisa social para fora das calças (acho que era de linho) e mocassins –, dava o recado: "não estou nem aí para minha imagem de herói de filmes de ação, sou um cara em férias perpétuas".

E era, mesmo.

··· ◆ ···

Patrick Swayze também estava de camisa social, a calça não anotei, mas percebi que era um social bastante *macho man*.

Talvez quisesse deixar bem clara a diferença entre o que era na vida real e a personagem do filme pelo qual me dava a entrevista, *To Wong Foo, thanks for everything, Julie Newmar*[17], 1995, onde interpretava, com grande veracidade, a travesti Vida Boheme. Uma personagem, como ele me

---

17. O título brasileiro foi *Os três mosqueteiros do amor*.

contou, inspirada no estilo grande-dama-sofredora-chique de Joan Crawford e Lana Turner.

Até hoje penso que Swayze teve seu talento subestimado.

E seu *road movie* sobre três travestis (os outros eram interpretados por John Leguizamo e Wesley Snipes) teve a infelicidade de estrear na mesma época de um megassucesso australiano com o mesmo tema, *Priscila, a rainha do deserto*, 1994.

··· ◆ ···

Roupa pode até servir de camuflagem.

Mesmo sem intencionalidade.

Como na tarde em que entrevistei a jovem e encantadora **Rita Lee**[18], em início de carreira solo, para a extinta revista semanal *Manchete*.

Ela vestia jeans e uma bata clara, além de um lenço escondendo os cabelos, enrolados em torno da cabeça para ficarem mais lisos. Fomos comer um sanduíche, ou tomar um sundae, provavelmente ambos, num Bob's do Largo da Carioca[19].

Ninguém a reconheceu, nem perturbou.

Imagine o que provocaria uma estrela da magnitude da Rita Lee, em nossos tempos de culto e caça a celebridades.

---

18. Rita Lee faleceu em maio de 2023, aos 73 anos, vítima de câncer.
19. Uma das áreas mais movimentadas no centro do Rio de Janeiro.

··◆··

Quando a atriz, o cantor, o político, a apresentadora, a advogada, o atleta, o concorrente do reality show, a cientista, a subcelebridade ou a verdadeiramente famosa, o astro ou o aspirante vai para o encontro com jornalistas vestindo roupa de grife, seja ela chique ou espalhafatosa, calçando sapatos com solados vermelhos ou virgens, sem nenhum sinal de uso, possivelmente emprestados ou cedidos pelas marcas famosas, a ideia é a mesma: que o mundo reconheça sua ascensão ao Olimpo dos grandes astros e estrelas.

··◆··

Leitor não é telespectador & vice-versa

Quem lê precisa ver tudo o que viu o/a jornalista. Precisa ouvir as frases que ela/ele ouviu. Precisa perceber todas as minúcias percebidas por quem estava lá.

Absolutamente todas.

Assim eu fazia, particularmente nas crônicas que escrevia para *O Globo*[20], pensando em quem nunca tinha estado em Nova York. E, talvez, nunca viesse a ter a oportunidade de ir. Estar nos parques e museus. Assistir aos

---

20. Para o Caderno Ela, dirigido pela saudosa Mara Caballero, sob comando de Milton Abirached, mais tarde transformado na *Revista Ela* de *O Globo*. Essas crônicas, além de algumas inéditas, estão publicadas em dois livros: *Dias de cachorro louco* e *Outros tempos*, ambos pela Editora Record.

musicais da Broadway ou aos megaconcertos de astros pop. Passar por delegacias, desfiles de moda e paradas gays. Ver e ouvir os pregões de Wall Street. Atravessar as tempestades de neve. Assistir peças de Shakespeare ao ar livre no Central Park. Estreladas por artistas como Natalie Portman, Meryl Streep e Philip Seymour Hoffman. Entrevistar ganhadores de Nobel e do Oscar. Pisar nos tapetes vermelhos das premiações luxuosas. Circular pelos mundos e universos que eu tinha imenso prazer em partilhar.

Por escrito.

E eu escrevia muito.

Muito, mesmo.

♦

Enlouqueci a editora **Carla Lencastre** com laudas e mais laudas que resultaram em quatro páginas inteiras do Caderno Ela, inclusive com fotos minhas, sobre como Miami, última morada de aposentados nova-iorquinos em busca de algum calor para seus doídos velhos ossos, estava se transformando em meca de diversão e arte para gays, lésbicas, chefs, artistas, falsários, modelos e *escorts*, incorporadores, *eurotrash* e, especialmente, milionários latino-americanos fugindo das revoluções e guerras de traficantes em seus países. A imigração de brasileiros para a Flórida em quantidades significativas só começaria na década seguinte. Com preferência para Orlando e arredores. Vivíamos, em nosso país, os dias de vinho e rosas do Plano Real.

Quem lia *O Globo* ficou sabendo sobre Miami em detalhes. Tim-Tim por Tim-Tim. Minúcia por minúcia.

Por escrito.

··•◆•··

Antes desse catatau sobre Miami, eu já havia endoidado a Carla com outra extensa reportagem. Que ocupou a capa e as páginas centrais do mesmo Caderno Ela. Também com fotos e texto meus.

Eram revelações sobre a rua de Nova York mais agitada, do então bairro mais louco, descolado, artístico, democrático, divertido e diverso, tanto no sentido de orientação sexual quanto de etnias, a **Christopher Street**, no bairro West Village.

Mostrei desde a lojinha de chocolates artesanais ao bar *leather*, passando pela igreja de 1821 que apresentava uma peça interativa louquíssima. Mostrei como a esquina com a rua Greenwich era o ponto de desfiles de audaciosas drags do Harlem e de Uptown, das *families* que ensinaram a dança Vogue para Madonna. A poucos passos do templo presbiteriano St. Luke in the Fields, também erguido no início do século XIX, onde, nos cultos dominicais, era (ainda é) possível ouvir – perdoem o clichê, cabível aqui – divinos corais de seus paroquianos.

Foi uma revelação para boa parte dos leitores de *O Globo*.

Para ficar em poucos exemplos de como aquela área influiu na cultura e no comportamento contemporâneos:

- A confeitaria onde a Carrie Bradshaw (interpretada por **Sarah Jessica Parker**) do seriado *Sex and the City* comprava apetitosos cupcakes fica lá, no 401 da Bleecker Street. No bairro também ficava o apartamento que a insaciável Samantha comprou. E que a tornou amiga das drags exultantes das redondezas.
- Sarah, o marido **Matthew Broderick** e os três filhos, aliás, moram ali, numa bela *townhouse* da rua 11 West.
- No West Village viveu **Marlon Brando**, num modesto prédio de tijolos vermelhos sem elevador, quando estrelava *Um bonde chamado Desejo*, de 1995. Namorando a torto e a direito. Sem limites. Mais ainda que a Samantha.
- Seu apartamento era na mesma rua (Bedford) onde fica o prédio (esquina de Grove Street) dos personagens de Jennifer Aniston, Matthew Perry, Lisa Kudrow, Matt LeBlanc, Courteney Cox e David Schwimmer), do seriado *Friends*.

Ali no West Village fica até hoje o bar **Stonewall** (53 Christopher Street), onde, em julho de 1969, estourou a revolta que originaria o hoje poderoso movimento LGBTQIAP+

··· ◆ ···

Mas, voltando aos textos na televisão...

Como uma bomba-relógio, cada segundo conta

Como fazer caber informação relevante em 2 a 3 minutos, por vezes menos ainda?

Como, por exemplo, dar a notícia completa, sem cortes, de forma clara e universalmente compreensível, sobre a invenção de uma pílula que os cientistas garantiam iria resolver de uma vez por todas o problema da **disfunção erétil**?

Não era um comprimido da cor azul.

Ainda.

Mas, sim, apesar da cor neutra, era a primeira, ou uma das primeiras, reportagens sobre o **Viagra** e a revolução que provocaria na vida sexual dos humanos.

(Reportei, hoje reconheço, com discreta descrença em seus efeitos).

Permita que eu mostre como há um abismo entre o jornalismo feito para jornais e revistas e aquele criado para televisão.

A reportagem escrita

Estivesse eu criando uma matéria para imprensa escrita, começaria dando um panorama do assunto impotência. Com números e percentuais de homens afetados pela situação, fornecidos pelos pesquisadores, assim como as vitórias, acertos, derrotas e erros até aquele momento cometido pelos cientistas.

(Havia, por exemplo, uma injeção – arrepiem-se, senhores – que, aplicada diretamente no membro virial, era capaz de mantê-lo extremamente viril por longo tempo. Um dos problemas dessa picada era, justamente, além da inserção da agulha numa parte extremamente sensível do corpo masculino, a impossibilidade de estabelecer o tempo de duração da ereção. Houve casos de horas e horas. Pois é.)

Voltando à pílula promissora.

Dali dos números e percentuais, eu engataria nos mais recentes resultados de estudos feitos com a substância denominada **sildenafila** que, em forma de pílula, nos estudos vinha obtendo ereções naqueles voluntários que, até então, não as conseguiam.

Talvez acrescentasse um aspecto curioso. O de que aquela pílula até então vinha sendo testada para calvície quando, oh surpresa, resultou nesta impensada e rígida reação nos homens que participavam da pesquisa.

Seria essencial esclarecer, utilizando a entrevista com um dos principais pesquisadores, que *"sildenafila sob a forma de sal citrato, é uma terapia oral para a disfunção erétil. A sildenafila é um inibidor seletivo da fosfodiesterase tipo 5 (PDE5), específica do monofosfato de guanosina cíclico"*.

Fecharia, se ainda não tivesse mencionado em outra parte do texto, que o fabricante desta pílula, cuja cor para a carreira nas farmácias, repito, ainda não havia sido determinada, pretendia lançar o produto no mercada até a data xis.

É muito provável que a matéria revelando tamanha novidade tomasse página inteira de jornal. Se fosse em revista, pelo menos página dupla. No mínimo. Imagine o quanto de informação e texto você teria de escrever, para expor tudo isso.

··· ◆ ···

A reportagem para televisão

Para reportagem de televisão – ou YouTube ou qualquer outra plataforma visual – você teria 2 a 3 minutos. No máximo 4 a 5.

Eu começaria a matéria (e se bem me lembro assim iniciei a reportagem para o *Fantástico*) mostrando em close a pílula e dizendo uma frase que imediatamente agarrasse a atenção de quem estivesse vendo.

Na narração eu diria algo como "este pequeno comprimido promete acabar com um problema que aflige os homens desde os primórdios da civilização: a impotência".

Direto e claro.

Lembrando sempre de utilizar a linguagem mais acessível, contaria como em meio a estudos para acabar com a calvície, pesquisadores deram de cara com a espantosa reação libidinosa dos membros voluntários.

E como a reação dos membros foi desviada para combate à disfunção erétil.

Creio que nesta parte eu apareceria na reportagem, dentro do laboratório ou sala com aspecto científico, destrinchando, de forma sóbria, a surpresa dos cientistas ao perceberem o sucesso inusitado do medicamento.

Em seguida poderiam entrar umas duas sonoras de cientistas, comentando o que testemunharam e suas próprias reações. Poderia usar legendas nas falas deles. Porém é mais fácil para compreensão geral que essas *sonoras*, como nos referimos a depoimentos falados, tenham minha narração por cima das vozes deles, traduzindo o que está sendo dito.

Depois, ainda usando minha narração, escreveria números de indivíduos pesquisados, percentuais de casos comprovados etc. sobre imagens de pílulas e pipetas, mãos enluvadas, rostos masculinos sem definição, cientistas vestidos em jalecos.

Assim sublinharia oralmente as informações exibidas por escrito.

Para fechar a reportagem, eu usaria a imagem e a fala de um dos voluntários da pesquisa.

Ele daria a própria opinião sobre o que vem se passando em sua vida íntima.

E, em resposta a uma pergunta que eu teria feito, o que acha que esta pílula da virilidade poderá provocar na mudança de costumes.

··· ◆ ···

> **Quando o Viagra ainda não era Viagra**
>
> Em nenhum momento, na matéria para o Fantástico, acredite, eu citei aquela frase que teria colocado em reportagem escrita.
>
> A tal *"a sildenafila sob a forma de sal citrato, é uma terapia oral para a disfunção erétil. A sildenafila é um inibidor seletivo da fosfodiesterase tipo 5 (PDE5), específica do monofosfato de guanosina cíclico".*

··· ◆ ···

Para ler esta minha explicação acima, de como fazer uma reportagem sobre o futuro lançamento do **Viagra**, é bem provável que você tenha levado mais tempo do que os minutos em que ela foi exibida.

··· ◆ ···

Menos é mais

Reforçando, sublinhando, repetindo.

Construa seu texto a partir das imagens que dispõe.

É óbvio, mas vale repisar.

Se existe imagem, não precisa repetir o que ela mostra.

A *passagem*, aquele trecho em que você aparecerá falando diretamente para a câmera, pode ser usada para dar as informações que, justamente, *não contenham imagem correspondente*.

··· ◆ ···

Um exemplo aleatório de uma *passagem* hipotética, quando nenhuma cena ou imagem está disponível:

"O crime aconteceu na madrugada desta sexta-feira, dentro do galpão que vocês estão vendo aqui atrás, próximo ao cais do porto. Avisada por um telefonema anônimo, a polícia encontrou ali, além dos corpos de dois homens, baleados com vários tiros, uma mala pequena de couro, contendo documentos em língua estrangeira. As autoridades não permitiram a filmagem dos documentos, nem comentam se seriam ligados ao caso de espionagem industrial denunciado ontem".

Aqui você entraria com as *sonoras* de entrevistas feitas com o denunciante, com autoridades que estão investigando o caso, ou mesmo com alguma pessoa que, acaso dos acasos, tenha ouvido disparos naquela dita madrugada.

(Embora, se falamos de ficção e espionagem, o(s) assassino(s) seguramente teriam) utilizado armas com silenciadores, não acha?)

Conte o acontecimento com a maior riqueza de detalhes possível.

Lembrando-se que, quanto mais simples e direto o seu texto, melhor.

Não floreie.

Se não vira, como definia, não sem irritação, o grande mestre do jornalismo, *reinventor* de *O Globo* e do jornalismo da *TV Globo*, **Evandro Carlos de Andrade**, "é tudo subliteratura".

· · • ◆ • · ·

Use & abuse dos depoimentos

Entre as formas de contar sua história, a mais tradicional – e menos trabalhosa – é construir o texto como narrador onisciente.

Em mais um exemplo aleatório, imaginemos um casal migrante, que chegou a uma área abandonada, nas cercanias de uma capital.

O narrador onisciente diria:

"Quando Dona Graça e o senhor Wilson chegaram aqui, na periferia de (nome da cidade), tudo à volta era terreno baldio, cheio de mato e despejo clandestino de lixo. Hoje, passados 10 anos, aqui nasceram os 3 filhos do casal. O povoamento de Dona Graça e Seu Wilson cresceu, outras famílias se fixaram ali. O que era lixão, foi transformado em horta para cerca de 60 moradores. Que plantam, cuidam e colhem a produção. O que não é utilizado por eles, é vendido na feira da região."

Você e seus companheiros de equipe entrevistaram os moradores, gravaram as imagens, são testemunhas da mudança.

Reportagem correta.

Tudo correto.

Mas deixar que essa metamorfose seja contada pelos próprios moradores, conforme me conduziram **Miguel Athayde** e **Fátima Baptista**, então editores do Bom Dia Brasil, ganha muito mais força e autenticidade.

Também seguindo por essa via construímos vários programas memoráveis no Globo Repórter, com **Meg Cunha**, **Saulo de la Rue**, **Marcia Monteiro**, **Angela Garambone**, **Rogério Marques**, **Mariana Sabino**, **Cláudia Guimarães**, **Marislei Dalmaz**, **Patricia Casanova**.

···◆···

Voltando ao nosso exemplo hipotético, indo por esse viés.

Sobre imagens do senhor Wilson e Dona Graça, intercalando falas, assim você editaria sua matéria testemunhal:

> "Quando chegamos aqui, era só mato"; "Tinha algumas cabras pastando por aí, também"; "E lixo, muito lixo jogado aí, por toa parte"; "A gente arranjou algum material, uns tijolos, umas madeiras..."; "A gente capinou e limpou bem este terreno onde o senhor está agora..."; E levantamos nosso barraco".

Não fica mais humano, mais caloroso, com o depoimento de quem viveu aquela situação.

Aí você continua, intercalando as informações sobre o processo de mutação daquela área, podendo usar e abusar dos depoimentos gravados ali, dos primeiros moradores e dos que foram chegando e contribuindo para demonstrar – conforme as imagens atestarão – o que a força da união e solidariedade são capazes de construir.

Seus entrevistados, seus personagens, narram a própria história.

Testemunhas de suas próprias vidas.

Nada do que você escrever será mais eloquente do que a fala deles.

··◆···

Não vá por este caminho. De jeito nenhum

Corra, fuja, evite, afaste, rejeite **Chavões**.

Frases feitas e clichês de linguagem são a maneira mais segura de fazer que fechem os olhos e ouvidos à sua reportagem.

Havia um comentarista político em Brasília que sempre terminava sua participação com a frase "No frigir dos ovos...".

Frigir dos ovos??? *Palamordedeus*.

Poupe seus espectadores. Poupe os ouvintes de seus podcasts. Poupe os leitores de seu blog ou rede social. Ninguém merece um clichê feito *"ninguém merece"*.

Uma preguiça comum é, sem saber como abrir uma reportagem, a pessoa vai enumerando, como componentes de uma salada. Em vez de "tomates, alface, ovo cozido, azeitona, cebola...", vai despejando "Sorrisos, gritos, música, fogos de artifício, bandeirinhas, fogueiras, sanfona, danças, comidas típicas alegravam a celebração acontecida hoje em..."

Ninguém merece.

Chavões, como componentes de sopas e saladas, são a maneira mais garantida de você destruir seu próprio trabalho.

Sabe aquela sensação de passar as unhas no quadro escolar, seja verde, branco, preto ou azul? Aquele arrepio?

É o que provoca cada vez que alguém diz frases do tipo "A chuva não deu trégua", em vez de um simples "choveu o dia inteiro em...". Ou solta um "olhar inocente das crianças..." ao mostrar meninos e meninas a brincar. Ou, durante um jogo de futebol, vem com "A euforia da torcida". E piora durante reportagens sobre treinos, sejam de vôlei, basquete ou futebol, quando brotam as tais joias da subliteratura referidas pelo **Evandro Carlos de Andrade**, que vão desde "o sol brilhou hoje na concentração da seleção brasileira, assim como tem brilhado o talento de Fulano...".

Ninguém merece "acabou-se o que era doce", "crime bárbaro", "marinheiro de primeira viagem", "tragédia anunciada", "profissional tarimbado", "no bojo da crise", "apunhalado pelas costas", "banho de sangue", "oposição ferrenha" e por aí vão as armadilhas e assassinatos do bom jornalismo.[21]

---

21. Existe um livro excelente sobre o uso lamentável da nossa língua, escrito pelo irreprochável jornalista e cronista Humberto Werneck. Chama-se *O pai dos burros – dicionário de lugares-comuns e frases feitas*. Saiu em 2014 uma edição revista e ampliada, pela Arquipélago Editorial, de Porto Alegre. Pode não ser fácil de encontrar, mas vale a pena o esforço.

⋯ ◆ ⋯

E ninguém merece, repito este "ninguém merece".

Sobre o gigante Graciliano Ramos, que além de ser um dos grandes escritores do século XX era um impiedoso – e furibundo – inimigo de chavões, contam que, a cada vez que lia texto de repórter com a frase "via de regra", berrava de sua mesa para a redação toda ouvir: "Via de regra é boceta!".

⋯ ◆ ⋯

Para chegar a esse tipo de concisão, passei pelas *mãos de tesoura* de duas formidáveis editoras de texto, com ampla experiência em curtas reportagens de jornais diários, como o Bom Dia Brasil e o Jornal Nacional, e em profundas, extensas matérias do Globo Repórter: **Denise Cunha Sobrinho** e **Malu Guimaraes**.

O que me ensinaram, comento em seguida.

⋯ ◆ ⋯

Para a histórica **viagem do Papa João Paulo II a Cuba**, a Globo de Nova York mandou uma equipe enxuta (5 pessoas), da qual eu fazia parte, que cobriu todos os passos, todas as missas, todos os eventos do pontífice na ilha de Fidel Castro, do primeiro ao último dia.

Para todos os telejornais, repito, todos, fazíamos matérias exclusivas. Do Bom Dia Brasil ao Jornal da Globo. E para cada um, eram textos e *passagens* diferentes. Criados enquanto íamos de uma cidade para outra com o produtor David Presas e o repórter cinematográfico Orlando Moreira.

Foi uma maratona cuja heroína ficou oculta. Como acontece tanto com apoiadores que ficam na retaguarda.

・・◆・・

Enquanto a BBC inglesa, tal como as grandes redes de televisão americanas, francesas, alemãs, italianas, espanholas tinham equipes numerosas, instaladas previamente em cada cidade por onde João Paulo II passaria, nós éramos apenas 5 profissionais. Rodando de van e uma vez num avião de asa dupla, daqueles que pareciam saídos da Primeira Guerra Mundial, fazendo nosso material gravado – som e imagem – chegar ao quarto do hotel em Havana, onde **Adriana Nagle** editava e o engenheiro **Júlio Larcher** conduzia a façanha de enviar as matérias no mesmo dia, via satélite.

Da redação em Nova York, era a **Denise Cunha Sobrinho** quem, além de coordenar toda a operação, me orientava em minúcias e me amparava em cada texto. Tal como vinha me conduzindo e burilando, ensinando, ajudando a transformar o repórter de imprensa escrita em repórter de televisão, desde o primeiro momento.

・・◆・・

A reportagem sobre os **atentados terroristas do 11 de setembro** em Nova York e Washington, que já citei e que abriu o Jornal Nacional naquela data inesquecível, assim como as reportagens subsequentes, durante as semanas que se seguiram, nunca poderiam ter acontecido, com a abrangência e acuidade que fizeram delas clássicos do jornalismo brasileiro, sem absoluto domínio do ofício de redatora de outra heroína da retaguarda: **Malu Guimaraes**.

··· ◆ ···

No próprio dia 11, com celulares emudecidos (a grande torre transmissora ficava no topo de uma das torres do World Trade Center), enquanto eu e Orlando Moreira furávamos barreiras policiais e driblávamos a segurança imposta pelas forças de segurança, Departamento de Polícia de Nova York e o corpo de bombeiros, Malu checava todas as agências de notícia, cada canal de televisão, todas as possíveis fontes de informação e ia anotando, ponto por ponto, possibilidade por possibilidade, para deixar tudo verificado e pronto para quando eu chegasse de volta para escrever. Depois, sentada ao meu lado, diante do computador, discutia cada frase, cortava, sugeria acréscimo, troca de palavra, compondo comigo o texto, com total conhecimento de cada uma das imagens disponíveis para nossa matéria.

Um por todos, todos por um – na vida real

Numa situação excepcional, como a daqueles atentados terroristas que mudariam radicalmente o mundo, cada indivíduo dentro da redação se tornou aliado e colaborador do outro. Num dado momento, com todas as equipes nas ruas, cumprindo seu trabalho de entrevistar e registrar imagens, não havia profissional para operar a câmera diante da qual **Zileide Silva** faria uma transmissão ao vivo para o Brasil. Foi nesse momento que a produtora **Joana Studart** pulou de sua cadeira, num silencioso "Deixa comigo!", empunhou os manetes da câmera e botou para funcionar. Resolvido: minutos depois Zileide dava as informações mais recentes para os telespectadores brasileiros.

P.S. Sexo na Casa Branca desbancou o Papa

Em plena cobertura da viagem do Papa João Paulo, explodiu um escândalo sexual na mais alta esfera política de Washington. Praticamente todas as equipes americanas empacotaram suas traquitanas e voaram de volta para os Estados Unidos, onde avidamente se debruçaram sobre as sessões de felação entre o presidente Bill Clinton e a estagiária Monica Lewinsky.

13

Baú dos segredos

Naquela frenética cobertura dos atentados terroristas de 11 de setembro de 2001 confirmei uma lição preciosa, preciosíssima, que aqui partilho com você. Considere que é o **1º Grande segredo de uma boa reportagem**.

··◆··

Sim, você sabe e eu sei que é possível construir sozinho textos para televisão. Mesmo com espiões iraquianos em seus calcanhares, ou no meio de troca de tiros entre policiais e traficantes no Complexo de Favelas do Alemão.

Possível, é.

Porém, os seus textos sempre terão chance de serem mais claros, mais poderosos, mais completos, mais abrangentes e, quando necessário, mais contundentes, ou menos tendenciosos, mais fáceis de compreender sem recorrer a clichês de linguagem, se você tiver a **colaboração** de um(a) redator(a). Entre as generosas profissionais que tive oportunidade de trabalhar, na volta ao Brasil, tiro o chapéu para **Paula Levy** e **Laura Nonohay**. E não foram apenas elas.

Na minha vida profissional há o caso da corrente solidária formada por todos, na redação da *Globo International*, no 11 de setembro de 2001 e nos dias subsequentes.

Por melhor que você seja, por mais talento e experiência que você tenha, acredite no que lhe digo:

Uma pessoa apenas não basta para uma boa reportagem.

A construção de uma boa reportagem é como a de um edifício.

A contribuição de cada trabalhador é que tornará o edifício sólido.

É o seu edifício. Mas não apenas seu.

O bom jornalismo é trabalho de time.

⋯◆⋯

O maior de todos os segredos

Colaboração também é chave para transformar uma reportagem apenas correta em excelente matéria: aquela composta com sua equipe de imagem e som.

Tive a sorte de começar com grandes cinegrafistas, também chamados, mais adequadamente, de repórteres cinematográficos: **Sherman Costa**, **Helio Alvarez**, **Paulo Zero** e o aqui extensamente citado **Orlando Moreira**.

⋯◆⋯

No Brasil tive a mesma, ou mais sorte ainda, ao trabalhar com repórteres cinematográficos como **William**

Torgano, **José Henrique Castro**, **Edilson Santos**, **Guilherme Vizane**, **Rogerio Lima**, **Ronaldo Cordeiro**, **Lúcio Rodrigues**, **Luiz Paulo Mesquita**, **Alberto Fernandez**, **Lariza Relvas**, **Lucas Cerejo**, **Carlito Chagas**, **Marco Aurélio**, **Fernando Calixto**, **Mario Ferreira** – os melhores, de diferentes gerações

··•◆•··

Quando for construir uma matéria, comece por reunir-se com sua equipe. Se não houver tempo de sentar e destrinchar a pauta, as intenções, as dificuldades que você antevê, as características – de perigo ou beleza ou curiosidade – do local onde gravarão, faça isso no caminho, no carro, no avião, no trem, onde possa transmitir as informações que tem.

··•◆•··

É essencial que cada pessoa da sua equipe possa, ela também, colocar a imaginação e criatividade para funcionar. Não apenas ela perceberá seu **respeito pelo trabalho do colega**, como sentirá liberdade e vontade de dar ideias e sugestões que, sempre, inevitavelmente, enriquecerão o que você possa ter imaginado inicialmente.

··•◆•··

Acontecerá, por vezes, de você ser escalado para trabalhar com quem fala pouco, ou fala demais, tem boas ideias sem ter facilidade de expressá-las, ter ideias ruins, ou aparentemente ruins, que na continuação do papo podem se mostrar cheias de possibilidades de desenvolvimento.

··· ◆ ···

Tudo é possível, quando existem respeito e boa-vontade na equipe.

··· ◆ ···

"Brasileiro não presta"

Se você ambiciona alguma coisa além do que vem fazendo atualmente na redação, sonha com um projeto, quer ir adiante na sua carreira, percebe que tem um propósito dependendo única e exclusivamente de suas ações, vou lhe contar **mais um segredo**:

Você não terá outra saída que não seja **acumular funções**.

··· ◆ ···

Lá pelo ano de 2009, eu estava nessa situação. Meu tempo era inteiramente tomado fazendo matérias diárias para os telejornais.

Se era reportagem para o Jornal da Globo, só saía da redação depois de meia-noite. Para o Jornal Nacional, tinha de chegar às 10 da manhã e só saía quando o jornal estava no ar. O mesmo se dava com o Jornal da Globo, que nunca começava antes das 23 horas, no mínimo. Para o RJTV, tinha de estar na redação antes, às 7h. Ao mesmo tempo, eu precisava ler livros e pesquisar para as entrevistas do GloboNews Literatura, que gravava nas manhãs de quarta-feira. As tardes das terças eram reservadas para as gravações do quadro "Bate-Papo", do RJTV.

Dava conta?

Claro que dava, todo repórter dá conta de tudo, seja qual for a missão.

O tempo de que dispunha para novos projetos, como vê, era inexistente.

Aparentemente inexistente.

Era, mesmo?

Como se não bastasse, naquela mesma época eu estava lançando meu primeiro romance, *Se eu fechar os olhos agora*, para o qual eu precisava dar entrevistas, promover, fazer noite de autógrafos no Rio, São Paulo, Brasília, Belo Horizonte, Manaus, Recife e Valença, minha cidade natal.

··· ◆ ···

Em meio a tudo isso, martelava em minha cabeça uma frase odiosa, injusta, cheia de preconceito e elitismo, que ouvia constantemente e ainda há quem repita.

"Brasileiro não presta".

Naquele fim da primeira década do nosso século atual, mais do que sempre, parecia ter havido uma explosão de escândalos de corrupção, assaltos, insegurança nas ruas e dentro de nossas casas, roubos, furtos, feminicídios, crimes homofóbicos e raciais, assassinatos e violência.

O crescimento desses horrores era vertiginoso. E a frase "Brasileiro não presta" era repetida à minha volta. Reprisando aquilo que o jornalista, cronista, dramaturgo e colunista Nelson Rodrigues carimbou como nosso *"complexo de vira-latas"*.

··•◆•··

Um breve belo hiato

Eu testemunhava justamente o oposto, no **Bate-Papo**.

O quadro, bolado por **César Seabra**, diretor da Editoria Rio, vinha sendo apresentado por mim desde seu início, em 26 de junho de 2003, na edição do meio-dia do RJTV, o noticiário local.

O Rio de Janeiro era, naqueles tempos, uma das áreas onde a população mais sofria com a criminalidade e violência urbana.

Sem nunca se ter proposto oficialmente a isso, o Bate-Papo tornou-se um respiro no noticiário pesado e a voz dos que não tinham voz.

Os personagens ali mostrados eram pessoas que, embora tivessem sofrido reveses, alguns violentos, deram a volta por cima e passaram a ajudar outras pessoas a atravessar períodos difíceis. Pessoas e comunidades.

No Bate-Papo usávamos várias câmeras (foram 6, quando tivemos o Palhaço Carequinha). A equipe de cinegrafistas era comandada por **José Carlos Azevedo**, com refinamento de produção e absoluta dedicação de todos os envolvidos. Gravávamos em cenários históricos da cidade, de museus a masmorras. A produção, atenta e abrangente, era de **Luiz Costa**, com edição e sonorização de ousada criatividade pelo saudoso poeta e jornalista **Bruno Cattoni**.

Ali eu entrevistava gente anônima[22], basicamente. Eram moradores de favelas e comunidades, mulheres e homens cujas ações e atividades individuais, espontâneas, vinham trazendo benefícios e alterando para melhor a vida de seus vizinhos, seus bairros, seu entorno.

··· ◆ ···

A essa experiência valiosa, juntou-se outra.

··· ◆ ···

Minhas viagens por nosso país me mostravam que esse mesmo espírito cidadão e solidário estava acontecendo por outras partes do Brasil. Do interior de Rondônia às serras e pequenas propriedades agrícolas de Santa Catarina. Do sertão nordestino às ocupações nas periferias das metrópoles. De Norte a Sul, Leste a Oeste, por toda parte havia brasileiros idealistas – e inconformados com a realidade injusta.

Gente boa, solidária, com alma democrática. Tal como as mulheres e homens do Rio de Janeiro que eu vinha

---

22. "Bate-Papo RJTV" apresentou desde o menino René Silva, de 11 anos, que criara um jornal no Complexo de Favelas do Alemão, até formidáveis artistas esquecidos pela grande mídia, como o palhaço Carequinha, as cantoras Carmen Costa, Marlene e Emilinha Borba.

apresentando no Bate-Papo. Pessoas radicalmente diferentes daquele abominável clichê, "Brasileiro não presta".

O que eu testemunhara eram cidadãos brasileiros mudando o Brasil.

A partir da realidade difícil que os rodeava.

Apesar delas.

Mas esses brasileiros eram presença rara, raríssima, na televisão brasileira.

Por que não os mostrar num programa semanal, em horário nobre?

Um programa sobre – isso mesmo, pasme – boas notícias.

Um programa contra a crença elitista e cega de que "brasileiro não presta".

··· ◆ ···

Escrevi algumas linhas sobre essa ideia, pouco mais de meia página.

Fui à sala do **Carlos Henrique Schroder**, então Diretor Geral de Jornalismo da *TV Globo*, e propus um programa naqueles moldes.

Sugeri que, na apresentação, além de mim, o semanal tivesse outros 2 âncoras, repórteres cujo trabalho eu admirava. E em cujas trajetórias, justamente, sempre tiveram um olhar atento – e afetuoso – aos problemas enfrentados pela população com menos recursos, **Marcelo Canellas** e **Neide Duarte**.

Sugeri, também, o título: "**Brasileiros**".

Schroder imediatamente aprovou.

··•·· ◆ ··•··

É por caminhos assim, inusitados e atrevidos, que você pode **criar seu próprio programa**, seriado, quadro, o que for.

Claro que você tem de ter na chefia do jornalismo alguém com amplitude de visão como era o caso do Carlos Henrique Schroder.

Pare.

Observe.

Analise.

Veja tudo o que está sendo feito, em todas as plataformas, streamings, podcasts, rádios, canais, shows – absolutamente tudo.

E pense: o que está faltando?

O que não está sendo mostrado?

O que não está sendo dito?

Como posso preencher esse vácuo?

Com quem posso me associar para isso?

A quem devo apresentar a ideia?

Quanto deve ser o custo aproximado de realizar isso?

··•·· ◆ ··•··

Eu estava falando de tempo ocupado com telejornais, GloboNews Literatura, lançamento do meu primeiro romance, lembra?

Eis o que aconteceu.

··◆··

Tocamos em frente com equipe mínima. **Adriana Caban** e **André Modenesi** na produção. Os cinegrafistas **William Torgano**, **Dennys Leutz**, **Saulo Luiz** e **Alex Carvalho** ficaram responsáveis pela captação dinâmica das imagens. A análise e edição de textos ficou com **Fátima Baptista**, a das imagens com **Dimitri Caldeira**. Na direção, **Teresa Cavalleiro** e **Maria Thereza Pinheiro**.

··◆··

Todos – mais uma vez – acumulando atividades.

··◆··

Tínhamos de achar brechas em nosso trabalho cotidiano, criar oportunidades para viajar e gravar do litoral do Ceará, em Paracuru, às margens do rio São Francisco, em Pirapora, Minas Gerais. Por vilas e lugarejos da zona da mata de Pernambuco ao interior de São Paulo, subindo e descendo de Florianópolis à serra de Santa Catarina. Ao mesmo tempo em que continuávamos, todos nós, fazendo matérias do dia a dia. Alertas para não prejudicar, no meu caso, os estudos e gravações e apresentações semanais, no Rio de Janeiro, tanto o Bate-Papo do RJTV quanto o GloboNews Literatura.

Era um vai-voa-volta incessante.

Valeu todo o esforço.

··· ◆ ···

Em 10 de junho de 2010, pusemos no ar o primeiro de oito programas **Brasileiros**.

Fomos vitoriosos, tanto em audiência quanto em elogios da crítica e prazer dos telespectadores. Com histórias emocionantes e positivas do povo da gente. Apesar do sucesso, para surpresa de todos nós, inclusive diante da alta audiência, nosso programa não teve continuidade.

Mas Brasileiros foi e continua sendo um dos orgulhos e das maiores alegrias da minha carreira. E de todos os colegas envolvidos.

Acumular funções, como vê, é inevitável.

E consciência social, imprescindível.

··· ◆ ···

> **Consciência social do jornalista em países com profundas desigualdades, como o Brasil, e a fronteira tênue entre o ativismo e a isenção**
>
> Alguns jornalistas, como alguns escritores, tanto de esquerda quanto de direita, defendem que a atividade permite e, em países com profundos problemas sociais, como o Brasil, deve levar ao ativismo político no exercício profissional.
>
> Sugiro a leitura da entrevista, longa demais para caber aqui, do jornalista **Martin Baron**, ex-editor executivo do jornal *The Washington Post* (aquele

> onde Bob Woodward e Carl Bernstein revelaram o **Caso Watergate**, que terminou derrubando o presidente Richard Nixon), onde ele defende que jornalistas *"devem se guiar pela objetividade que se espera de médicos e juízes"*.[23]

Anos dourados no Globo Repórter

Logo ao voltar de Nova York, em 2002, rodei meses pelo Brasil, de Norte a Oeste, de Leste ao Sul, com o repórter cinematográfico **Américo Figuerôa**, gravando uma série para o Jornal Nacional sobre o poder do cidadão para transformar o Brasil.

Aquele ano de 2002 foi o da disputa pela presidência entre o filho de verdureiros e ex-exilado José Serra e o filho de retirantes nordestinos Luiz Inácio Lula da Silva.

Não havia dúvida de que uma profunda transformação estava ocorrendo no Brasil.

O aprendizado dessa viagem se refletiu em todos os meus trabalhos jornalísticos subsequentes, assim como

---

23. BARON, Martin. Queremos juízes e médicos objetivos; por que não jornalistas? *Folha de São Paulo*, Caderno Ilustríssima, 16 de abril de 2023. Disponível em: https://www1.folha.uol.com.br/ilustrissima/2023/04/queremos-juizes-e-medicos-objetivos-por-que-nao-jornalistas.shtml. Acesso em: 02 set. 2023.

nos meus romances e contos, onde sempre misturo História do Brasil com histórias íntimas, desde *Se eu fechar os olhos agora*.

・・◆・・

A experiência foi preciosa tanto na concepção do Brasileiros como quando passei a contribuir para o Globo Repórter.

Nos primeiros anos, contrabalançava com o jornalismo diário dos noticiários e a apresentação do GloboNews Literatura e do Bate-Papo. Somente de 2017 até minha saída da *TV Globo*, em janeiro de 2023, fui exclusivo do GREP, como costumávamos chamá-lo.

・・◆・・

Ao contrário da rapidez e imediatismo necessários e essenciais a programas como o Jornal Nacional, o Jornal Hoje, o Jornal da Globo, o Hora Um e os noticiários locais, no trabalho da construção de cada programa do Globo Repórter, quase sempre dispúnhamos de condições ideais de tempo e planejamento.

・・◆・・

Lembra quando, poucas páginas atrás, falei do enriquecimento que a colaboração dos colegas nos traz?

O Globo Repórter é o exemplo justo.

··•◆•··

Como primeiro passo, todos na redação eram, e ainda são – editores, produtores, repórteres, redatores, cinegrafistas, diretoras como **Silvia Sayão** e **Maria Monica Barbosa** –, democraticamente convidados a apresentar ideias de pautas. Por tratar-se de um programa eclético, onde temas como saúde, viagens, comportamento, tecnologia, medicina, ecologia, alimentos, entre muitos outros, podem ser abordados.

··•◆•··

E as **pautas** aprovadas iam – e ainda vão – desde novas tendências na sociedade brasileira, como "Morar só" (um campeão de audiência) e "Vencendo o preconceito", como a importância e recuperação de manguezais por toda a costa do Brasil, o valor nutricional de alimentos, a história do pão (outro campeão, pauta de **Beatriz Sanson**); as belezas do Pantanal (que a destemida **Claudia Geiger** conhecia como ninguém); as aventuras submarinas e terrestres do mestre **Chico José** (autor de mais de 100 programas); o exotismo fascinante de países como a Tanzânia, desvendados pela **Giuliana Morrone**; a fantástica escalada do progresso tecnológico, tão minuciosamente destrinchada pelo inigualável **Ernesto Paglia**; a graça e doce conduzir da **Flávia Jannuzzi**; os inesperados recantos de tirar o fôlego, e o povo incansável, revelados pelo desbravador **Zé Raimundo de Oliveira**; a experiência internacional e brilho de **Marcos Uchôa**; o glamour, o charme, o exotismo, a elegância que a inesquecível **Glória Maria** ia buscar pelos quatro cantos do mundo.

・・◆・・・

Aprovada a pauta, em geral tínhamos um tempo razoável – comparado com a corrida do factual diário – para organizar a produção, escalando equipe, frequentemente requerendo traslados e transportes de todo tipo – de aviões a lombo de burro.

・・◆・・・

Correria pelo Rei do Pop

Com raríssimas exceções, como o **Globo Repórter sobre a morte de Michael Jackson**, produzido e exibido em apenas um par de dias, o comum era termos uma semana, se não mais, onde todos os detalhes da produção (material de gravação, passagens, câmbio em moeda estrangeira quando exigido, reservas de veículos e hotéis, contatos prévios com pessoas a serem entrevistadas, a própria estrutura dos blocos – em geral quatro – do programa), assim como o estilo estético das imagens, eram extensamente vistos e revistos, de maneira a evitar o mínimo possível de surpresas desagradáveis.

⋯ ◆ ⋯

Visto de fora, especialmente nos programas charmosamente conduzidos pela Glória Maria, o Globo Repórter parece uma sequência de dias e noites glamurosos, que fazem sonhar tantos telespectadores.

Sim, é.

Também.

Mas não apenas.

Cá entre nós, na verdade, a maior parte do trabalho do Globo Repórter é mais próxima de uma aventura à la Indiana Jones, sem a destreza do super-herói de Harrison Ford ou os recursos milionários de Hollywood.

Mas esses perrengues ficam na caixa de segredos. O que vale é manter a mágica.

⋯ ◆ ⋯

O normal, o habitual, o real na vida de jornalistas não é o bem planejado, calmamente gravado e editado sem correrias como os documentário em três, quatro ou cinco blocos do Globo Repórter.

⋯ ◆ ⋯

Tampouco é o habitual um programa dedicado à literatura contar com verba e tempo para voar até as Ilhas Canárias, a entrevistar **José Saramago** em sua casa. Ou à Bahia, a entrevistar **Zélia Gattai**. Ouro Preto, para uma longa conversa com **Adélia Prado**. São Paulo, especialmente para entrevistar **Ian McEwan** e **Milton Hatoum**. Porto Alegre para **Luís Fernando Veríssimo** e **Lia Luft**. Dias seguidos, em Paraty, acompanhando a Flip/Festa Literária Internacional, por vários anos, ali fazendo entrevistas com ganhadores do Nobel como **Nadine Gordimer** e **Mario Vargas Llosa**, autores estelares como **Paul Auster**, **Margaret Atwood** ou **Salman Rushdie**.

Essas esplêndidas exceções me aconteceram ao longo dos 17 anos que apresentei o GloboNews Literatura. Com o generoso auxílio de **Mônica Labarthe**, **Andréa Escobar**, **Claufe Rodrigues**, **Marcia Monteiro**, **Cristina Aragão**, **Sandra Passarinho**, **Elizabeth Carvalho**.

··· ◆ ···

O chamado *normal* – particularmente em cidades como Rio de Janeiro, São Paulo, Fortaleza, Salvador, Belo Horizonte, Recife ou Porto Alegre, e até mesmo na antigamente e não mais sonolenta e pacata Brasília, como mostraram os ataques de 8 de janeiro de 2022 ao Congresso Nacional, ao STF e ao Palácio do Planalto – é aquilo que, nas redações, é conhecido como a trilogia **Tiro, Porrada** e **Bomba**. Além do quarto elemento, **Enchentes** (e suas trágicas consequências).

··· ◆ ···

Veja ali atrás, no **Capítulo 10 (Nem tudo na vida são palácios e meias fúcsia, pag. 171)**, minhas dicas de como se proteger nesse tipo de cobertura. No próximo capítulo, igualmente, você encontrará informações sobre como levar adiante, da maneira mais segura possível, seu trabalho de reportagem pelas ruas, avenidas, vielas e comunidades de nossas nem sempre seguras cidades.

> **Seus pés – sua base ou seu martírio**
>
> E, repiso (não resisti ao jogo de palavras): use sempre sapatos confortáveis. Bem confortáveis. E que lhe permitam desde andar sobre pontiagudo solo vulcânico, como na ilha de Lanzarote, até correr do tiroteio, rojões, pedradas, da polícia e dos manifestantes, se necessário. Como você verá demonstrado no próximo capítulo).

Caindo na real

Contei dos tempos quase ideais, quase irreais, dos programas **Brasileiros**, **Bate-papo-RJTV** e **Globo Repórter**, mas vamos cair na real e falar de trabalho em condições, digamos, menos tranquilas.

Coberturas de invasão de favela, prisão de criminosos, detenção de suspeitos, coletivas súbitas, blitz da Polícia Federal, saques, passeatas, protestos ou eventos com consequências imprevisíveis, feito incêndios ou enchentes, ou de qualquer tipo com **tempo mínimo entre saída da redação e ter a matéria pronta**, escrita e gravada.

O melhor a fazer, nessas circunstâncias é **dividir as tarefas**.

Dessa forma você poderá **apurar** alguns aspectos do acontecimento e seus companheiros de missão, separadamente, apurarem outros.

Podem chamar-se, por celular, rádio, walkie-talkie ou o sistema de comunicação à distância que estiverem usando, quando uma parte ou outra der com personagem ou cena merecedora de maior atenção.

Antes de embarcarem de volta da cobertura, façam um **retrospecto** do que conseguiram.

Faltou gravar alguma imagem? Algum depoimento?

E na volta, dentro do veículo, novamente façam um retrospecto.

Localize os **pontos fracos e fortes** do material que dispõem.

Próximo passo: sente-se com a pessoa que irá editar seu texto.

Peça a opinião dela.

Feito isso, **repasse tudo**, com todas as observações, para a pessoa que editará as i**magens**, indicando aquelas que o cinegrafista considera as melhores ou de melhor narrativa do acontecimento.

Sempre que possível, solicite a **presença do repórter cinematográfico na sala de edição**. É uma contribuição valiosíssima.

Com a reportagem pronta, analise-a com olhos críticos.

Caso ainda esteja insatisfatória, refaça o que lhe incomoda. Mesmo com tempo curto, mesmo sob pressão da pressa em colocar no ar.

Lembre-se do ditado, atribuindo a alguns mestres do jornalismo, inclusive **Graciliano Ramos**, apesar da linguagem chula: *"A pressa passa, a merda fica"*.

Seu parceiro, sua força

Essa colaboração e checagem foram essenciais numa época específica depois da minha volta ao Brasil.

Durante uma daquelas frequentes **ondas de violência que assolaram o Rio de Janeiro**, como se deu na década passada, jogando todas as equipes para reportagens em delegacias, cemitérios, morgue, penitenciárias e cenários de barbáries, fiz uma parceria que deu rapidez e acuidade.

Enquanto eu me movimentava por um lado, o repórter cinematográfico **Ronaldo Cordeiro** ia por outro. Apurávamos tudo o que era possível, e além. Formamos um dueto tão eficiente que quase ficamos restritos a casos de polícia, durante um tempo.

··· ◆ ···

Boa parte do impacto das matérias que realizei nas semanas após os atentados terroristas de 11 de setembro, se deve, igualmente, a uma parceria bem costurada. Lá em Nova York, com o destemido **Sherman Costa**.

Lembrando hoje, passadas 2 décadas, ainda fica difícil de acreditar naquela sequência de imagens surreais, espantosas, comoventes.

Carros empilhados. Páginas de diários e agendas das quase 3 mil vítimas flutuando nas ruas fantasmagoricamente vazias, voando com a poeira ou cobertas por cinzas. Filas sombrias de parentes dos desaparecidos, junto a tendas improvisadas, para recolhimento de amostras de DNA. Depoimentos emocionados e flagrantes comoventes. A bandeira americana tremulando em frente ao prédio escurecido, coberto de fuligem, da Bolsa de Valores de Nova York.

Sherman gravou tudo, rolando na poeirada, quando necessário, sempre com originalidade e humanidade nos registros.

⋯ ◆ ⋯

Inferno branco

Também devo ao olhar agudo do Sherman Costa a primeira reportagem a demonstrar aos céticos que o **Evandro Carlos de Andrade** tinha acertado ao me colocar, um inexperiente jornalista de imprensa escrita, substituindo o calejado correspondente demitido.

O local era a cidade de Buffalo, ao Norte do Estado de Nova York, a mais de 400 quilômetros de Manhattan, à beira do lago Erie. Uma área onde as tempestades de neve interrompiam, por dias seguidos, a chamada *"vida normal"*. Ruas, avenidas, gramados, parques, telhados, tudo ficava branco, coberto de neve como uma paisagem de cartão de Natal. Uma espécie de **férias no paraíso branco**, ainda que compulsórias. Um sonho de muitos brasileiros, né mesmo?

Essa era a pauta.

Então Sherman e eu chegamos a Buffalo, com neve na altura de meu ombro.

Fomos lá para acompanhar a vida de uma família comum, de classe média, com três filhos nesse sonhado Edem para turistas tropicais.

Sherman e eu testemunhamos o outro lado desse sonho, do qual a realidade de Buffalo, estava longe.

Aulas suspensas em todas as escolas. Crianças dentro de casa da hora que acordam à hora em que eram postas para dormir. Impossibilidade de circulação de veículos. Dias de trabalho adiados, com os inevitáveis atrasos e prejuízos. Supermercados e mercearias fechados. Compra de alimentos e bebidas – água, inclusive – impossibilitada. Conta de luz estratosférica, pela exigência de calefação maior em todos os cômodos da casa & por aí vai.

Passamos o dia com a família, testemunhamos e registramos aquele viver como prisioneiros nada felizes das intempéries. Exatamente o contrário do que pretendia a pauta.

Sherman e eu agradecemos, nos despedimos e saímos.

Gravamos pelo bairro meio soterrado pela (linda, reconheça-se) tempestade (que continuaria nos próximos dias) nas cercanias da casa.

Foi quando me ocorreu o que eu deveria dizer na passagem, unindo o sonho branco dos telespectadores tropicais à dura realidade de quem vive nela. Sherman aprovou, com entusiasmo.

Eu me sentei num degrau que levava à varanda da casa. Ele posicionou a câmera em frente, mostrando ambiente e repórter, e eu falei, do fundo do coração, o que sentia e podia provar.

> "Neve é lindo, neve é ume beleza. Na terra dos outros".

Ao ver a reportagem, até quem me detestava concordou.

Tenha sempre na mala

Piriri, dor de cabeça, indigestão, coriza, dor de garganta, sinusite, enjoo, unha encravada, frieira ou o que mais lhe ocorra que poderá lhe atacar em terra estrangeira: acredite na Lei de Murphy. Se há uma chance de acontecer um problema, ele acontecerá.

Não é nenhum drama quando você está no seu país ou na sua cidade, onde sabe o nome do analgésico ou anti-histamínico que pode lhe salvar. Mas se for uma viagem para a Indonésia ou até mais perto, ao Equador, como saber qual medicamento comprar? Quais efeitos colaterais poderá ter? E se não resolver seu problema, como fica o planejamento?

Eu era daqueles que nunca, jamais, levavam remédios em viagem. Era (a tal da arrogância masculina com a saúde. Mulheres sempre têm uma nécessaire com os mais variados remédios). Até o dia de uma tremenda convulsão interna, causada por intoxicação alimentar no Texas. Não vou entrar em detalhes, para não me constranger, nem a você.

Aprendi a lição.

Não viajo sem uma sacola com inúmeros medicamentos, esparadrapo, água oxigenada etc. e tal.

E ela já salvou a viagem de muitos colegas.

Homens, claro.

Maratona em terra estrangeira

Em **viagens**, sejam para a Amazônia ou destinos no exterior, mais que nas situações do dia a dia, se você não confiar e contar com a esperteza e velocidade do olhar agudo do/da repórter cinematográfico/a, vai voltar para a redação sem material suficiente para um programa notável. Ou mesmo, apenas bom.

As **viagens internacionais para o Globo Repórter**, por exemplo.

Volto a elas porque para boa parte dos espectadores, tanto quanto para muitos colegas e aspirantes a colegas, elas parecem o máximo da união da informação com divertimento.

Na verdade, é uma maratona.

Primeiro, os dias e semanas de preparação da pauta, seleção de equipe, seguida da organização da viagem, contatos com autoridades do país a ser visitado, obtenção de permissões de gravação, reserva de hospedagem e transporte, burocracia nacional para a troca de moeda nacional pela do país onde se vai trabalhar.

(As negociações do produtor **Luiz Costa Junior** para o Globo Repórter que Giuliana Morrone gravou na Tanzânia e Zanzibar tomaram 6 meses, por exemplo).

Na etapa 2: preparação das malas pessoais e equipamentos, ida para o aeroporto, passagem pelo controle de passaportes, embarque (em classe econômica); pelo menos 10 horas de voo em poltrona apertada (quando não um dia inteiro, entre escalas, como do Rio a Helsinque); refeição lamentável, do tipo que se espera nas atuais classes econômicas das cada vez mais desagradáveis e impontuais companhias aéreas.

Conseguiu dormir? Caso contrário, prepare seu fôlego. E seu humor.

♦

No caso do Globo Repórter que gravamos na **Turquia**, e que inspiraria **Glória Perez** a criar a novela *Salve Jorge*, a produtora **Ana Rita Mendonça** teve de lidar com os percalços habituais de gravações em país estrangeiro, com todos os muros e obstáculos habituais de burocracia, mais o inesperado de uma língua – incluídos aí sinais e informações de trânsito – sobre a qual desconhecíamos absolutamente tudo.

Falam inglês, lá? Guias turísticos falam. E os turcos mais jovens. Porém, a maioria, não. O que, miraculosamente, não forma nenhuma barreira para os visitantes.

Éramos uma equipe de 5 pessoas. Como de hábito. Além de Ana Rita, o cinegrafista **William Torgano**, o técnico de som **Giva de Souza**, o produtor local **Mehmet Ali Baskut** e eu. Nossa movimentação frenética na Turquia não foi nem um pouco diferente do que enfrentamos na Finlândia, Bélgica, Dinamarca ou Catalunha.

Eis a rotina.

♦

Chegada ao país estrangeiro. Fuso horário diferente (mas seu corpo não está entendendo). Fila na alfândega (se for para Israel, são horas ali). Inspeção de passaportes, vistos e checagem minuciosa de equipamento (item por item, na maior parte do mundo). Perda ou extravio eventual de parte da bagagem (um clássico da *Lei de Murphy*, muito mais frequente do que se imagina, como nos aconteceu na Turquia). Aluguel de veículo. Ônibus ou van do terminal até o estacionamento dos carros de aluguel. Estrada desconhecida do aeroporto para o primeiro destino. Deixar toda a bagagem no hotel e encontrar estacionamento o mais próximo possível de onde a esquipe estiver hospedada. Check-in de cada membro da equipe. Chuveirada (se houver tempo) e troca de roupa antes de pegar o veículo e (viva a invenção do GPS) saída para a primeira gravação.

··◆··

Ainda virados do voo partido do Brasil, sai-se pelas ruas da cidade que você nunca viu na vida, abençoando o GPS. Começa-se as entrevistas (em **Istambul** e na **Capadócia**, com auxílio de intérprete esperto, como o Mehmet, falador fluente de português, ou rezando para que alguém, em algum daqueles bazares ou becos, fale alguma das línguas em que você se vira). Planos de cobertura. Imagens que traduzam a beleza, ou o exotismo, ou a miséria, ou as contradições daquele lugar. Volta para o hotel.

E isso é apenas o primeiro dia.

Em **Istambul, Copenhagen, Barcelona, Bruxelas, Helsinque**, onde quer que você tenha chegado.

Pela frente você terá mais 6 dias. Com alguma sorte (e orçamento), talvez uns 10. Com imensa sorte – e cada vez mais raros orçamentos generosos –, duas semanas pela frente. Rodando de cidade em cidade, de destino em destino.

Chegou ao final do primeiro dia, esbodegado, suado, tentando se situar naquele universo desconhecido? E está com fome? Vai ter de sair para encontrar onde comer (novamente rezando por garçons que falem alguma coisa das línguas que você também acha que fala), ou comer ali mesmo no hotel, que tem a mesma comida "internacional" sensaborona de todos os hotéis médios do mundo inteiro. É isso que você quer, estando, digamos, na Finlândia, na Dinamarca, na Turquia, no Vietnã?

E, nos seus calcanhares, o produtor, sempre a lembrar: amanhã tem outro dia cheio. Com saída da equipe, no máximo, às 7 da manhã. Sem que as gravações tenham hora para terminar.

Isto é: ter, até que têm.

De certa forma.

Por orientação do Sindicato dos Jornalistas, assim como da *TV Globo*, em missões no exterior pode-se trabalhar 6 horas, com intervalo de 1 hora para refeição, obrigatoriamente tendo de encerrar após as horas determinadas de trabalho. Isso é o correto e legal.

Ao final do sexto dia de trabalho, descanso obrigatório.

Esteja você onde estiver.

Esse é o correto, seguindo as orientações.

Mas...

··· ◆ ···

O que você faz, se está no extremo Norte da Dinamarca e o dia de descanso cai, justamente, no dia reservado para o (estupendo, diga-se de passagem) campeonato de gigantescas pipas em formatos de dragões, foguetes, camelos, serpentes & o que mais aflorar na imaginação dos competidores. Não grava? Fica só olhando? Senta na areia (o campeonato é numa praia extensíssima no Mar do Norte) e chora?

Ou se a caravana de camelos está passando diante das pirâmides, com o sol se pondo no dourado horizonte do Egito? Parem, berberes, esperem e fiquem aí, que a gente volta amanhã, dentro do horário permitido pelas nossas normas de trabalho?

Ou, como nos aconteceu na Turquia, perto das fronteiras de Irã, Armênia e Turquia, diante do Monte Ararat[24] ao fundo: voltemos outro dia, porque passamos do horário? Ou não voltamos, porque tivemos de seguir para destino muito além?

Com as equipes que viajei, de comum acordo ficou acertado o seguinte: temos como tempo de gravação o horário que vai do início da luz até o final da luz – quando não pela noite, mesmo, escura ou clara. Ou isso ou perderemos as oportunidades surgidas à nossa frente. Como o Monte Ararat.

Chama-se a isso **jogo de cintura** – outro fator essência na nossa atividade.

---

24. O monte Ararat, para quem nunca leu a Bíblia (no livro do Gênesis) ou teve aulas de catecismo, é aquele onde a Arca de Noé atracou, com os filhos Sem, Cam e Jafé, mais um casal de cada bicho da Terra depois do dilúvio com que Deus teria destruído o mundo de então.

Era exaustivo? Era. Mas nós compensávamos juntando os dias de folga no final da viagem. E assim a equipe tinha a oportunidade de aproveitar pelo menos uma parte da ida aos lugares incríveis aonde fomos.

E, como dizem os sábios: "Você tem toda a eternidade para descansar"...

··· ◆ ···

Seu pequeno grande aliado silencioso

Falei dele, mas ainda não sublinhei *reeealmente* a importância fundamental.

O **bloco de notas**.

Acessório essencial no trabalho jornalístico.

Não o ícone de "Notas" em seu smartphone, absolutamente não.

Esta pode te trair um dia. Irá te trair. É o que fazem os aparelhos eletrônicos. (Veja no box **Traição eletrônica**).

Eu me refiro ao secular bloco de notas de papel, do tempo de Johannes Gensfleisch Gutemberg, o inventor da tipografia.

O bloco onde você anotará o essencial das entrevistas e observações feitas durante a apuração.

Não use lápis. Não escreva com marcador.

Use uma boa caneta esferográfica. De tinta permanente.

A razão, como eu disse, está comprovada, ali ao lado, em "Traição eletrônica".

Traição eletrônica

Para viajar ao **Iraque**, com todos os percalços e inúmeros deslocamentos previstos, o repórter cinematográfico **Helio Alvarez** e eu levamos o mínimo do mínimo necessário para a missão. Que poderia durar até 3 semanas. Blocos e papéis e canetas só encheriam as mochilas (lembram que fui deixando um rastro de cuecas usadas?). Optei por uma agenda eletrônica, do tamanho da minha mão, onde fui anotando, resumidamente, datas, locais e fatos mais importantes de nossa missão. Perfeito, né? Só que, na volta, em casa, enquanto consultava as tais notas, deixei a agenda eletrônica cair no chão. E todos, absolutamente todos os registros... puft! Apagaram. Não houve técnico que pudesse trazê-la de volta à vida.

Como estávamos recém-chegados da viagem, sentei-me e fui anotando, noite adentro, todos os detalhes e minúcias de que ainda me lembrava. Funcionou? Funcionou. Mas alguns nomes de pessoas e locais... nunca mais.

Aprendi a lição.

Por isso sugiro: anota em bloco de papel. Com caneta que não borre nem apague. De um tamanho que possa ser escondida de eventuais espiões de Saddam Hussein. Mesmo que você não acredite que eles existam.

Lembrete: anotar é bom, mas não garante nada

Blocos de notas ajudam a memória, mas não a substituem.

Nem ao dever de casa.

Por isso tenha-os como aliados, mas confie desconfiando.

Os deuses e orixás do Jornalismo, e até mesmo o Anjo da Guarda do Repórter, vez por outra gosta de brincar com a gente.

Viu as **dicas da Zileide Silva**, lá a página..., certo?

Pois olhe só este exemplo.

Anote no bloco E registre na memória

Uma das jornalistas mais talentosas e capazes de driblar condições inóspitas de entrevistas, uma das maiores estrelas da televisão do Brasil, **Fátima Bernardes**, contou num encontro com estudantes de jornalismo da PUC do Rio, do qual participamos juntos, o desastre de início de carreira que a ensinou a guardar sempre de cabeça as informações essenciais sobre o tema que está cobrindo.

Fátima estava pronta para entrar ao vivo, na Praça da Bandeira, no Rio de Janeiro, próximo ao estádio de futebol do Maracanã, uma área conhecida pelos alagamentos, toda vez que chovia forte.

E aquele tinha sido um dia de temporais furiosos de verão.

Era um momento importantíssimo na carreira da jovem repórter: sua primeira entrada ao vivo no **Jornal Nacional**. O de maior audiência, desde sempre, da televisão brasileira.

Olha a responsabilidade.

Fátima, protegida (ou quase) por uma capa de chuva de plástico cinza, com o logotipo da Globo, tinha feito o dever de casa. Sabia desde quando os alagamentos infernizavam os moradores e davam nós no trânsito, quais providências as autoridades mais uma vez tinham prometido tomar, já gravara *"povo fala"*[25], anotara nomes e profissões dos entrevistados e, prevenida, tinha tudo anotado em um bloco, guardado no bolso da capa.

Uma das situações, com imagens sensacionais, era de uma noiva saindo de dentro de um carro no meio do alagamento (sim, com vestido grande, véu, grinalda, tudo o que uma noiva tem direito, no dia mais sonhado de sua vida), que a Fátima entrevistou.

Diante da câmera, com a luz sobre seu rosto, microfone na mão, ouviu pelo ponto o aviso vindo do estúdio, de que entraria no ar dentro de 1 minuto.

---

25. Jargão jornalístico para as frases curtas de entrevistas, em geral feitas em locais públicos com os chamados "populares", a tal da "gente comum", as testemunhas da situação reportada.

Fátima Bernardes, então, prontíssima, puxou do bolso da capa o bloco com todas as informações aguardadas pelo público. Para uma última conferida nas anotações.

No bloco quadrado no bolso da capa de chuva, lembram-se.

Todas estavam borradas ou apagadas pela chuva que entrou no bolso da capa. Todas.

Absolutamente todas.

Não havia uma palavra legível sequer.

O que fez Fátima Bernardes?

O que Fátima Bernardes sabe fazer como poucas no mundo.

Encarou a câmera e quando o mitológico Cid Moreira a chamou, a jovem repórter deu as informações que tinha anotado, lido, relido e lido tantas vezes que estavam bem gavadas em sua memória.

A jovem repórter fez, brilhantemente, sua primeira entrada ao vivo no Jornal Nacional.

O que aconteceu depois com a estupenda carreira daquela iniciante, todo mundo sabe.

O futuro do jornalismo chegou com a pandemia

Ao fundo, a bela, vasta, verde paisagem de uma fazenda no Mato Grosso do Sul. Na frente dela, o trabalhador rural Messias Teixeira ao lado da esposa Viviane e o filho pequeno deles, Vitor, me dava uma entrevista sincera sobre a árdua travessia que estavam fazendo naqueles tempos, setembro de 2020. Ele falava direto para a câmera.

A câmera de um computador portátil, um laptop.

Estávamos já há 5 meses no meio da Pandemia. Não havia vacina. O número de brasileiros mortos pela Covid-19 chegara a 22.371. O Governo Federal contestava esses números. Três ministros da saúde tinham sido demitidos por discordarem da política de saúde. O presidente se mostrava contra o isolamento e medidas preventivas, como máscaras e distanciamento social.

Ao final da pandemia, a Covid19 matou 700 mil brasileiros. Esse número espantoso é oficial. Pelo mundo, as vítimas chegaram a 15 milhões, segundo a Organização Mundial da Saúde.

Na *TV Globo*, o distanciamento social preconizado pela OMS era cumprido à risca. Todos os repórteres, apresentadores e técnicos acima de 59 anos, inclusive eu, passaram a trabalhar remotamente. Viagens, com todas os riscos que representavam, foram suspensas, transferidas, adiadas ou canceladas.

Sabíamos que a Pandemia reviraria a nossa, e outras tantas profissões, pelo avesso. Não tínhamos ideia, nem nós nem ninguém, da amplitude dessa metamorfose.

No jornalismo uma verdade era inegável. Estávamos longe da redação, alguns de nós, mas as reportagens continuavam sendo necessárias e produzidas. Aquela matéria para o Globo Repórter era um desses casos.

Antes da Covid-19, teríamos voado ao Mato Grosso do Sul. Com equipe formada, no mínimo, por quatro pessoas: produtor(a), técnico de som, cinegrafista e repórter.

Naquele momento, a proteção da saúde se aliou à criatividade: todos permanecemos na base. No caso, Rio de Janeiro.

Mesmo assim, Messias Teixeira e sua família seriam entrevistados.

De forma inovadora.

Utilizando os recursos técnicos que já haviam brotado nos anos anteriores à ameaça mundial vinda da China.

Assim, lá estávamos, a equipe do Globo Repórter, realizando a entrevista no Mato Grosso do Sul.

A 1.467 quilômetros de distância do senhor Messias.

Num apartamento no terceiro andar de um edifício residencial bairro de Ipanema, Rio de Janeiro.

Diante de um outro computador.

O meu.

E eu, repórter, sentado em frente.

Rodeado por 4 câmeras, dispostas em torno de mim, na parte da sala do meu apartamento, onde eu costumava escrever: um canto, não mais que isso, que o talento dos cinegrafistas **José Henrique Castro** e **William Torgano**, junto a **Luiz Henrique Lucas**, apoiados pelo produtor **Luiz Costa Junior** e pelo técnico de som **André Nascimento**, haviam transformado em mesa de trabalho refinada, digna de um príncipe da notícia.

Para compor aquele Globo Repórter, eu ia levando as perguntas para todos os possíveis aspectos do que estava sendo, para o senhor Messias e sua família, viver naqueles tempos. A gravação, sendo feita por quatro câmeras (além da embutida no computador e a do telefone celular). As outras eram duas câmeras Alpha 7, semelhantes e do mesmo tamanho de uma máquina fotográfica, muito mais ágil, muito mais leve (menos de 500 gramas) e menor do que a habitual PDW, a câmera tradicional da Sony, que pesa cerca de 6 quilos, mas que também fazia parte do nosso estúdio/casa-do-repórter-em-tempos-de-pandemia.

Era um programa pioneiro, produzido remotamente, lá e cá por **Ana Dorneles**, igualmente recolhida em sua casa.

Com total colaboração da *TV Morena* de Campo Grande – que deslocou equipe até à fazenda – tudo fluiu tranquilamente.

Foi um experimento. No sentido de refinamento estético, pois entrevistas não-presenciais já vinham sendo tentadas, nem sempre com resultados satisfatórios, por outros noticiários.

Se aquele desse certo, o modelo criado para o Globo Repórter passaria a ser utilizado para entrevistas à distância em outros programas.

E deu.

Naquela ocasião, nenhum de nós poderia imaginar que a Pandemia estava nos conduzindo para abraçar o futuro imediato da televisão.

Não apenas o imediato.

Naquele mundo que agonizava com a Pandemia, um outro tipo de fim se acelerava.

O de fazer televisão, ou qualquer outro tipo de atividade audiovisual, da maneira conhecida até então. Os contornos ainda imprecisos do que seria o futuro da reportagem de vídeo, dali em diante. Nosso futuro.

O seu futuro, também.

··· ◆ ···

O bom resultado daquela gravação de entrevista à distância para o Globo Repórter, uma das primeiras realizadas pela *Rede Globo* com refinamento estético, deu início a uma nova maneira de realizar reportagens.

Não apenas na *Globo*.

Em todas as plataformas existentes.

··· ◆ ···

Ficou claro que não era mais essencial embarcar equipes e repórteres em voos longos e dispendiosos.

A explosão de *lives*, das mais bonitas, como a do tenor italiano Andrea Bocelli, diretamente da Catedral de Milão, às mais toscas, como aquelas transmitidas diretamente do Palácio da Alvorada, foi – e continua sendo – prova disso.

Dali em diante ficou claro ser possível reduzir, e reduzir muito, custos de produção.

Assim como reduzir equipes.

··•◆•··

O público foi se acostumando a imagens de qualidade menos precisas do que as que vinha vendo até então. Pelo imediatismo da transmissão da notícia – atentado, enchente, incêndio, tiroteio, desmoronamento, briga de torcidas, invasão da Praça dos três Poderes –, tudo passou a valer. Inclusive algumas, muitas, imagens com baixa definição, por vezes mesmo ruins, em vez do alto padrão que até então era oferecido, programa a programa, minuto a minuto. E não apenas no denominado "Padrão Globo de Qualidade".

Da Pandemia em diante, qualquer imagem, fosse da nitidez que fosse, passou a ter valor, como estrutura possível para transmitir a notícia.

Como a foto tremida de Robert Capa, do instante em que um soldado era mortalmente atingido, durante a Guerra Civil Espanhola.

Vimos animais de florestas e montanhas, passeando soltos por cidades próximas.

Vimos avenidas, ruas e metrópoles como Roma ou Nova York, vazias.

As vias aquáticas de Veneza, imundas e poluídas por séculos, miraculosamente transparentes.

Se lembra?

Foi assim que o futuro começou.

E nem faz tanto tempo ainda.

Tínhamos chegado, querendo ou não, preparados ou não, a um novo mundo.

··◆··

Também da pandemia em diante, deixou de ser essencial embarcar repórteres e equipes completas, com todos os gastos e tempo que isso significava, para locais onde, no passado nem tão remoto, seriam presença essencial.

"Vale tudo", como na imortal canção de Tim Maia.

··◆··

Mas alguns fatores não mudaram.

O mais essencial deles: a construção clara das reportagens.

E os bons textos que as acompanham.

Seja você mesmo

Nos noticiários e programas televisivos que eu assistia em Valença, lá no distante século XX, os repórteres e apresentadores eram pomposos, usavam erres duplos e narravam tudo em solene tom radiofônico, com zero espontaneidade.

Tinham vozes, digamos, engomadas.

Discursavam, como velhos políticos pregando num púlpito.

Nem de longe eles e elas se pareciam com o que a gente brasileira – jovens, como eu e meus amigos, ou adultos, como nossos tios e avós – falava no mundo fora da telinha.

Pela metade dos anos 1990, quando eu já vivia em Nova York, observava que boa parte dos âncoras e repórteres da televisão americana há muito tinham adotado a maneira de falar natural, espontânea, contemporânea e acessível. Mais humana, enfim. Sem a presunção ainda utilizada por parte de seus similares brasileiros.

··· ◆ ···

Foi nessa época que fui levado das reportagens que escrevia para o jornal *O Globo* para a sede da *Globo International*, o braço norte-americano da *Rede Globo* de televisão, no prédio 909 da Terceira Avenida, em Nova York, e comecei a fazer matérias para a televisão.

Se, por um lado, eu mal sabia como segurar um microfone, por outro, meus exemplos de excelência eram os âncoras dos noticiários que, tendo sido repórteres e correspondentes, como o fabuloso **Peter Jennings**, dirigiam-se ao público como qualquer um de nós se dirige a seus conhecidos.

Sem pompa, nem circunstância.

··· ◆ ···

Eu não comecei imitando Peter Jennings – que, por sinal, também era admirado pelo **Jorge Pontual**, então chefe do escritório nova-iorquino da TVG, e até mesmo pelo sempre crítico mordaz **Paulo Francis** –, mas tentava, sim, emular sua naturalidade e a maneira como ficava à vontade diante das câmeras.

Jennings se expressava com clareza e acessibilidade, como se estivesse conversando com quem o via no programa **World News Tonight**, da rede *ABC Television*, em vez de enfiar as notícias goela abaixo do telespectador, com indisfarçável solenidade e presunção de Senhor e Senhora Sabe-Tudo, da forma que alguns ainda faziam no Brasil.

"Fale como se estivesse contando o acontecimento para sua tia ou algum amigo", sabiamente tentava me instruir **Angela Pontual**, cuja paciência, cuidado e orientação obtiveram os primeiros milagres no desempenho do chucro neófito egresso da imprensa escrita.

Assim tentei.

· · ◆ · ·

Sabe qual foi a reação de vários, digamos, veteranos da comunicação no Brasil, diante de minha forma mais contemporânea de falar e fazer reportagens?

Com algumas poucas exceções (incluídas aí as do **Evandro Carlos de Andrade** e da mestra de incontáveis jornalistas e criadora da *GloboNews*, **Alice Maria**), houve total e absoluta descrença no meu futuro.

"Esse rapaz não vai dar certo", vaticinou um cardeal da *TV Globo*.

"Evandro dessa vez quebrou a cara", alegrou-se outro.

Não vou tomar seu tempo com as pauladas e comentários, alguns ácidos, outros francamente maldosos, que minha chegada à televisão despertou. Havia, também, críticas justas.

· · ◆ · ·

Eu estreara no **Jornal Nacional**, nem de longe com a segurança da Fátima Bernardes debaixo da chuvarada, sem preparo nem treino suficientes, como acontecera com outros contratados pelo Evandro.

E, pior.

Eu sabia disso.

Sabia também, por minha experiência por trás das câmeras, como diretor de documentários e filmetes comerciais, que a aceitação e acolhimento do público depende de fatores incontroláveis. Nem beleza (não serei deselegante em citar nomes), nem talento (idem) fazem a menor diferença. O chamado "*sucesso*" na televisão, ou simplesmente a longevidade de carreira nela, não depende, muito menos, do tal fator intraduzível que alguns qualificam de *carisma*.

Depende do que, então?

"*Borogodó*", prefere definir o **Ali Kamel**, diretor de Jornalismo da *TV Globo*.

··· ◆ ···

Eu não sei, nunca soube responder a essa pergunta.

Há aqueles e aquelas de quem as câmeras parecem gostar, independentemente de belezura, boa postura, boa voz ou qualquer qualificativo do tipo.

E os espectadores, também.

Seja borogodó, seja carisma, seja o que for, simplesmente acontece.

Ou não acontece.

Para mim, sucesso, naquele momento, como eu sugiro que seja também o seu ao começar, era fazer um bom trabalho, digno, informativo, e ser abraçado por conta dele.

Mesmo achando isso e tocando em frente, cometi um erro – vários, na verdade – que, eis aqui um novo conselho, sugiro que você não cometa.

Nunca peça opinião sobre como vai o seu trabalho

Porque todo mundo vai ter uma.

E cada uma será diferente da outra.

É claro que eu buscava a opinião do Evandro Carlos de Andrade (*"Se não falei nada é porque está no caminho certo"*) e da Alice Maria (*"Calma, Edney; tudo tem seu tempo"*), os dois craques que eram meus chefes.

O problema são os colegas bem-intencionados.

E cheios de opinião, como somos todos os jornalistas.

◆

Alguém me disse que eu ficava de olhos abertos enquanto falava e que deveria piscar mais. Passei a tentar piscar com mais frequência. Uma outra pessoa achava que meu cabelo (escovinha, na época) parecia "podado com cortador de grama". Deixei crescer. Uns e outros opinaram que eu agitava as mãos demais, como um italiano; outros, o contrário: meus braços e mãos ficavam parados, como os de um ator inglês. E que eu narrava rápido demais, que eu narrava devagar demais. Que eu deveria sorrir, que nunca deveria sorrir. Que eu caminhava quando deveria ficar parado, e também que eu ficava parado quando devia caminhar. Meus paletós eram esportivos demais, ou formais quando não era necessário. Uma amiga me achou pálido. Outra, que meu rosto estava rubro como um camarão. Minhas gravatas foram execradas por uns, louvadas por outros.

Todos tinham razão.

E ninguém tinha.

Porque cada pessoa vê o mundo sob sua perspectiva, do lugar onde está.

O escritor anglo-indiano Salman Rushdie me disse que, numa cobertura, mesmo tentando ser imparcial, o ponto de vista do jornalista dependerá de sua posição física.[26]

·· · ◆ · · ·

Em suma: se você estiver junto dos policiais em quem os manifestantes estão a jogar pedras e rojões, enquanto tentam reprimir o ato, sua visão será uma. Se estiver no meio dos manifestantes sobre quem os policiais lançam bombas de efeito moral, ou tiros de borracha, será outra.

Meu erro foi simples, mas podia ter me destruído.

---

26. "Há um trecho importante em *Versos satânicos*, sobre o conflito racial em Londres. Eu tento perceber como uma câmera capta um evento assim. E como essa forma afeta a nossa percepção do evento. Resumindo: a câmera está sempre atrás do policial, porque ela precisa estar em local seguro. É um objeto valioso. O que a câmera vê são homens se defendendo enquanto o povo os ataca. Isso cria um significado que seria diferente se a câmera estivesse do outro lado. Mas ela muito raramente está do outro lado. Creio que estão iniciando um processo para explorar a forma na qual a imagem que vemos, e que parece objetiva, mesmo uma reportagem que afirme ser neutra, sem se inclinar por algum lado, assume esse lado apenas pela forma de mostrar a imagem". (Contestadores – 20 anos. Editora Almedina, 2023).

Eu queria ser como eram os outros repórteres, apresentadores e correspondentes anteriores ou aqueles em presente atuação no Brasil.

O que é impossível.

··· ◆ ···

Finalmente, foi **Alice Maria** quem me indicou o caminho.

··· ◆ ···

"Seja como você é – ela me disse –, do jeito que é, com os gestos que tem, com o andar que sempre foi o seu, falando do jeito que normalmente fala, vestindo-se da maneira como se sente confortável, se expressando da maneira como se expressa *fora e longe das câmeras*".

··· ◆ ···

Tentando, tropeçando, gaguejando, "conversando" com o telespectador, da maneira menos dono da verdade que conseguia – e assim eu sei que sou –, cheguei àquela reportagem para o **Jornal Nacional** sobre neve & seus insuportavelmente chatos efeitos na vida dos moradores da cidade de Buffalo, tendo como companheiro e maestro **Sherman Costa**.

Tive essa sorte.

Enquanto você não tem seu próprio Sherman, dá uma olhada nas sugestões que apresento em seguida.

Fator 1: a sua imagem

Se você já estiver estagiando, ou trabalhando, em alguma redação, peça a um colega, seja cinegrafista ou apenas alguém hábil com câmera e som, para gravar você em qualquer *reportagem-teste*.

Pegue um assunto recente, seja operação em favela, seja visita de cantor famoso à cidade, seja votação no congresso ou dia de recorde de calor ou frio, e faça sua narrativa. Escrita ou improvisada.

Não tem quem possa lhe ajudar?

Não tem problema.

Use seu smartphone, montado num daqueles tripés que acompanham o *ring light* que você tem.

Não tem um *ring light*?

Peça emprestado.

Grave sua reportagem-teste quantas vezes achar necessário, até considerar que está boa. Ou, pelo menos, razoável.

Fator 2: a sua narração

Procure vídeos e preste atenção a dois dos maiores craques da narração do Brasil: **Sérgio Chapelin** (que apresentou tanto o Jornal Nacional quanto o Globo Repórter por longos períodos) e a atriz **Fernanda Montenegro**.

O que há de comum entre esses veteranos admirados e louvados há décadas?

Ambos vieram do **rádio**.

(Como, também, foi do rádio, mais recentemente, que veio a **Mariana Gross** – e notem o à vontade como ela se conduz e narra).

Fernanda e Sérgio foram locutores desde muito jovens.

Sérgio começou adolescente, na *Rádio Clube de Valença*. Fernanda tinha 15 quando fez teste e passou a trabalhar na *Rádio MEC* – Rádio Ministério da Educação, no Rio de Janeiro.

Repare nas pausas que fazem entre frases.

São as pausas que, justamente, acabam por dar força ao que dizem.

Se quiser um exemplo mais recente, que pode ser visto toda noite, ligue no Jornal Nacional e preste atenção à maneira im-pe-cá-vel como **William Bonner** vai fazendo pausas e silêncios entre frases. Particularmente quando as notícias são graves ou envolvem política e políticos.

Aliás, **os silêncios do Bonner** são muito mais eloquentes do que muitas das diatribes de tantos âncoras que se acreditam donos da verdade...

Ficou afônico?

(O recurso que aprendi com Fernanda Montenegro)

Eu estava em Los Angeles, uma cidade muito seca, com clima desértico – quente de dia, gelada de noite – para cobrir a festa do Oscar, quando me aconteceu o pior.

Fiquei sem voz.

E tinha entrada ao vivo, direto do tapete vermelho, naquele ano em que "Central do Brasil" era candidato a Melhor Filme Estrangeiro e Fernanda Montenegro ao de Melhor Atriz.

Pois foi ela quem me salvou.

Ensinou-me que, em situações assim, fazia gargarejos com água morna, onde jogara uma, uma única, colherinha de pó de café.

E repetia, quantas vezes fosse necessário.

Em menos de 12 horas, ela garantia, a voz estava recuperada.

Segui à risca.

Deu certo.

No dia seguinte, um domingo, lá estava eu, totalmente recuperado, pronto para dar ao vivo a notícia da vitória da atriz brasileira na maior festa da indústria do cinema.

Não aconteceu.

Porém, nunca mais me apavorei, se me fico afônico.

Graças à Fernanda Montenegro.

Fator 3: a sua própria crítica

Faça pelo menos uma versão curta (1 minuto a 1 minuto e meio) e uma longa (até 3 minutos; o que é uma eternidade, em audiovisual) de sua reportagem.

Em seguida veja o resultado.

Com olhos e ouvidos bem críticos.

Passa credibilidade? Você acreditou no que você mesmo disse? A matéria está interessante de ver? Ou arrastada e chata? Sua roupa ficou direita? Formal demais? Descontraída demais? Gorda ou magro, não importa. Felizmente esse critério estético preconceituoso de belezura foi abolido nos anos recentes. E sua narração, que tal? A maneira como narrou dá para acompanhar? Usou palavras acessíveis? Deu alguma tropeçada? Fez as pausas (ah, as pausas...) necessárias?

Seja, insisto, seu mais feroz, mais exigente crítico.

Fator 4: o seu futuro

É tão lugar-comum em premiações e entrevistas, particularmente entre os americanos, ouvir aquele baita clichê: *"Acredite nos seus sonhos. Eles podem se realizar"*.

Clichezaço.

Você sonha com jornalismo, quer ser repórter, quer apresentar programas, ter eu próprio canal, quer estar diante das câmeras, quer ter a acolhida do público. E poder viver disso.

Pois é bom saber, de antemão, que entre seu sonho e a realidade, existe toda sorte de dificuldade, impedimento, preconceito, tropeção, rasteira, crítica, inveja, deboche, vaia e o que mais de negativo você possa lembrar e/ou temer.

Sim, existe.

E daí?

Quem poderia dizer que um garoto com dificuldade de fala, disléxico, inseguro, um filho de dono de armazém e operária de fábrica de tecidos, "sem dinheiro no banco, sem parentes importantes e vindo do interior", como tão emocionantemente cantava Belchior, um dia seria correspondente internacional de uma das maiores redes de televisão do mundo ocidental, fazendo reportagem no Iraque, na confluência dos rios Eufrates e Tigre, na Mesopotâmia dos livros de História, na área em que outro livro, a Bíblia, situa o Jardim do Éden?

Pois lá eu estava.

No Jardim do Éden,

Nunca tinha sonhado tão alto.

Nem tão longe.

E, entretanto...

Clichezaço ou não, sim.

Você pode.

A estrada está aí na sua frente.

Caminhe.

E boa sorte!

Agradecimentos

Entre minha chegada aos Estados Unidos, em julho de 1991, minha volta ao Brasil, em março de 2002, e minha saída da TV Globo, em janeiro de 2023, passaram-se 32 anos.

··· ◆ ···

Isso dá, se valem minhas contas de pessoa disléxica, algo perto de 11.535 dias e noites em missões jornalísticas.

··· ◆ ···

Reportando de Nova York, California, Colorado, Mississipi, Nova Jersey, Connecticut, Minnesota, Illinois, Massachussets, Carolina do Sul e Carolina do Norte, Texas, Novo Mexico, Louisiana, Virginia, New Hampshire, Maine, Long Island, Florida, Maryland, Washigton DC. Canadá. Mexico. Cuba, El Salvador, Honduras, Equador. Iraque e Jordânia. Turquia. Finlândia, Suíça, Espanha, Bélgica, França, Dinamarca. Ilhas Canárias.

··· ◆ ···

Fazendo reportagens, circulei pela Amazônia, pelo sertão e pelo cerrado, pelos pampas, no Pantanal, no rio São Francisco, em hospitais, favelas, serras, teatros, estúdios, palcos, cavernas, mares & ares, palácios de governos, assembleias, no Rio, em São Paulo, Salvador, Parati, Ouro Preto, Olinda, Belém, Manaus, Recife, Rio Branco, Belo Horizonte, Aracaju, Araxá, Nova Airão, Taboão da Serra,

Paracuru, Jaraguá do Sul, Fortaleza, Brasília, Florianópolis, Curitiba, Porto Alegre, Passo Fundo, Goiânia, Campo Grande, Corumbá, Rio das Flores, Catas Altas, Niterói, Vassouras, Valença, e outras, outras, e outras.

··· ◆ ···

Em cada um desses onze mil-e-lá-vai dias e noites, conheci e tive a ajuda - por vezes a atrapalhação -, e quase sempre fiz entrevista com, pelo menos, uma pessoa. Quando não três, cinco, quinze, e até mais de trinta, como para uma matéria sobre o grupo Afroreggae, em que tomei o depoimento de dezenas, mais os da *madrinha* Regina Casé e de seu criador José Junior.

··· ◆ ···

Não saberia multiplicar essas onze mil & caqueiradas noites e dias pelo número de pessoas que entrevistei, conversei, pedi e recebi informações, troquei momentos de emoção, chorei e ri, ganhei acolhida e/ou experiência humana. De todo tipo. Por mais que puxe da memória, não seria capaz de lembrar nem um décimo dos encontros com mais de 58 mil seres humanos, num cálculo médio sem qualquer critério científico, no meu percurso como repórter.

··· ◆ ···

Sem falar em todos aqueles profissionais cujo apoio formaram o esteio da minha carreira. Meus mestres repórteres-cinematográficos, redatores, editores, produtores, repórteres, apresentadores, iluminadores, técnicos, copidesques, pauteiros, maquiadores, diretores, chefes de redação, fonoaudiólogas, cameramen, estagiários, vigias, motoristas, motoboys, telefonistas, secretárias, assistentes, office-boys, camareiras, seguranças, guias, tradutores, faxineiros, porteiros, pesquisadores, fotógrafos, cabeleireiros, locutores, engenheiros, diagramadores, cenógrafos, artistas, desenhistas, diplomatas, economistas, relações-públicas e, de certa forma, até mesmo uma princesa. Quem vê uma reportagem não imagina o número de pessoas necessárias para levá-la ao ar ou às páginas. Gente, a maioria, cujos nomes o grande público nunca saberá.

··◆···

Devo tanto a cada um. Enormemente. Sabendo que não caberiam todos aqui.

··◆···

Sublinhando, apenas, que foi a partir de uma entusiástica sugestão da Jo Mazzarolo que comecei a escrever este, chamemos assim, resumão. Logo contei com o incentivo e atenta pre-edição da Vera Iris Paternostro. E fechei, dez meses depois, graças à generosa e paciente dedicação do meu editor, *il maestro* Marco Pace.

··◆···

Sou grato a todas e a todos. A tantos. Sempre.

◆

Rio de Janeiro
19 de outubro de 2023